情緒黑洞

未処理の感情に気付けば、
問題の8割は解決する

擺脫壓抑，修復心靈的創傷

城乃石人会◎著｜李喬智◎譯

前言

你為什麼會想要拿起這本書呢？

或許是因為書名「擺脫壓抑」這個關鍵詞莫名觸動了你的心弦，讓你有了反應。說到「壓抑的情緒」，應該有很多人會想著「說起來，我的確有些情緒……」或者是「過去曾經非常在意的事情，突然又浮現腦海」。

雖然這只是小小的「發現」，卻會變成重要的「契機」。

簡單來說，發生在我們日常生活中的種種問題或煩惱，有泰半都是源自於自我內心深處那些「壓抑的情緒」。

沒有錢、生意不好、工作無趣、夫妻感情失和、談不成戀愛也結不了婚、對於養育小孩或人際交往感到痛苦……。

跟這些煩惱相關的「壓抑情緒」，只要自己小心地不去觸碰，就會一直在心中悶燒，成為阻礙，像是在你行動上加裝了煞車般。不管學了多少成功法則，學會多少技巧和能力，只要不正視這分情緒，可以說，現實的問題就會一再重演。

或許，你自己也隱約覺察到了，社會已經進入了了一個新時代，過去的成功法則及

know-how已無法一體適用。在思考要學些什麼或懂些什麼之前，應該要先深入探討自己的能力。要在這個新時代闖蕩，關鍵字早已不是know-how=專業知識，而要改換成是know who。

我所創辦的「4ness應對法則講座」，主要想傳達的技巧，就是透過讓各位了解「壓抑的情緒」對自己的行為所造成的影響，藉以轉化為積極向前、讓人生可以過得更輕鬆愉快的力量。

我在大學時期曾經陷入足不出戶的困境中。最後的學生生涯，是確立成熟個體的重要關鍵時期，但過程中我無法在自己的感情及社會生活間取得平衡，導致我變得不知道該用什麼樣的態度去面對人生。

現在回想起來，那時候的我，缺乏處理自身情緒的經驗，雖然能夠扮演好當下的角色，卻丟失了最重要的本心。

於是我在心底暗自祈願，希望能找到突破的方法，為了培養出「掌控人生的能力」，我開始鑽研心理學，把自己的人生當作實驗品，實踐並活用各式各樣的心理學知識，累積了許多經驗。

自二十九歲創業以來，我在日本九州一邊經營美容沙龍，一邊累積心理諮商輔導的經驗。不拘男女老少，我輔導過的人數多達兩萬人以上。

我所創立的美容沙龍，會提供身心雙重服務，因此廣獲好評，幾年後就在九州拓展至六間分店。在這過程中，我也漸漸觸及到關於工作方面以及經營公司等問題的諮商輔導，方向性非常多元。

從這過程中所誕生出來的，就是以各種心理學理論為基底，從大人到小孩都適用的「4ness應對法則講座」。現在我已經放下了美容沙龍的經營，每天都帶著這個法則，如行旅商人般往來於日本各地。

應對一詞，來自於心理學用語「壓力・應對」，這個說法是美國的心理學者R・S・拉薩魯斯（Richard Lazarus），在研究「面對壓力的方法」時所提出來的。

不過，我所提出的4ness應對法則，主要著重於情緒的轉換及療癒，透過活用這個方法來正視自己所承受的壓力，並促成心靈成長，而不是以消除當下的壓力為目的。

---

*註：R・S・拉薩魯斯，理查・拉薩魯斯（Richard Lazarus，一九二二～二〇〇二年），美國心理學家，壓力理論的現代代表人物之一。

最重要的關鍵就在於本書中所提到的「壓抑的情緒」。

壓抑的情緒有一個特性，就是自我察覺到壓抑的情緒存在時，當下就能將之轉換為一股向前推進的力量，能為自己的心靈提供燃料，有機會讓現實生活變得輕鬆許多。再怎麼無拘無束、看起來無比幸福的人，都不可能沒有壓抑的情緒。也就是說，所謂壓抑的情緒，是自己所衍生出來的東西。

4ness應對法則說起來就是為了應對＝處理這些「壓抑的情緒」而產生的方法。我將其定位為一項工具，亦即「活出自我人生的能力」。

但是，每個人不都擁有活出自我人生的能力嗎？沒錢跟情緒，兩者之間究竟有什麼關聯性呢？

我知道，一定有人會有這樣的疑問或反饋。

然而，到目前為止，你費心努力所累積而來的成果，真的能讓你的人生及心靈感到滿意嗎？

在我的客戶中，有許多人是三十歲到五十歲之間的老闆或業務，也有很多人在大城市及各地方鄉鎮都很活躍。我講座的特徵，以男性比例居多，而且絕大部分的人都對工作或人生有著旺盛的鬥志。這類客戶之所以會來參加我的講座，一部分是感覺到自己的人生好像缺少了些什麼，或是莫名感覺到生活很辛苦或是有不協調之處。

不過令人驚訝的是，對於艱辛的生活或是煩惱的內容，沒有任何一個人可以打從一開始就以語言明確地表示出：「就是這個！」更有甚者，這些客戶原本打算來解決「生意上的煩惱」，然而隨著課程內容的推進，有大半以上的人不僅發現自己應該要重新整理的另一項課題，還察覺到內心深處藏著連自己都想像不到的悲傷。

自己究竟是為了什麼而如此痛苦呢？我們「在過自己的人生」時，本人卻沒有真實感，所以無論嘗試任何一種應對法，都無法滿足。大多數覺得生活很痛苦的人，都深陷在這種無限迴圈之中。

無論是誰，在內心深處一定都有著「壓抑的情緒」。

即使學得了所有 know-how，不知為何終究還是無法跨越的最後那道高牆，其實就是你自己所建造的。

不過請放心，只要能夠察覺到這一點，在那個當下，你就已經站在一扇新的門前。

人生的主導權，已經回到你手上。
4ness之旅，就從現在開始吧。

CONTENTS

CONTENTS

CONTENTS

第一章

覺察壓抑情緒
拿回人生主導權

認為壓力會帶來「痛苦」，只是思考習慣

我不喜歡「壓力」這個詞。

因為覺得，將人生所遭逢的困境或問題，全部直接聯結到「壓力」，似乎有點奇怪。

現在的你覺得如何呢？

所有不順遂的事，都用「壓力」一句話帶過，對於這種情況，難道你不覺得有些混亂嗎？

再者，我們為了做某件事而集中精神、非常認真的時候，旁人卻丟出一句「你看起來壓力很大呢」，你聽到難道不會覺得有點生氣嗎？

說起來「壓力」其實是一個非常含糊的詞，讓人摸不著頭緒，然而大家卻使用得很隨便，甚至把壓力當作是打招呼的用語。我覺得這種情況很可怕。

的確，現代社會幾乎可以用「壓力爆表」來形容。

日本自二〇一六年開始，就規定企業有義務要為員工進行壓力檢測，政府開始認真地要進行改善整體社會的心理健康狀態。

媒體節目上也開始出現「正向思考」「吸引力法則」之類的內容，每天都播放「壓力殺手」及「變得幸福」的秘訣。二〇一六年六月，「NHK Special」曾製作消滅壓力的電視特集，一播出就佳評如潮。

我們的生命如果受到壓力殺手的威脅，事實上是挺可怕的。現代人大腦中的杏仁核（掌管壓力荷爾蒙的分泌），都有變得過於敏感的傾向，不論生活環境與國家，全世界都是如此。

根據最新的大腦科學及生物學研究顯示，父母若是對壓力較為敏感，將會遺傳給孩子，同時我們也已經得知，父母所打造的教養環境若是充滿壓力，孩子的大腦杏仁核也會對壓力非常敏感。

儘管如此，壓力始終在我們的生活中如影隨形，從未消失。**但壓力只是外部的刺激，接受這些外來刺激，並將其解釋成「痛苦」的，不是其他什麼，就是我們的大腦，是思考的習慣。**

況且，有很多人早已經把壓力所帶來的痛苦視為理所當然，心想反正只要休息一下，或是去接受治療，就可以消除壓力；也有人會對自我解釋到，只要在事業上獲得成功，「總有一天可以隨心所欲」，並且下意識地深信不疑。

觀察人心近三十年以來，我發現到**有很多現代人之所以為壓力所苦，只是因為不習慣自己心靈的處理方式**。

請試著想想看，會讓人感到幸福的也是大腦、心靈、感情。不管從外界得到什麼知識或寶物，若是心靈沒有「承受」「感知」的能力，就永遠都無法感受到幸福。

知識就是力量。不過，只是單純知道「知識」，跟去「使用它」「實踐它」之間有很大的不同。要調整好自己的心，就必須要知道心的構造及組成，同時**擁有正視現實及情緒的力量**。

我的客戶和學員中，很少人看起來是處於煩惱著「壓力爆表」的狀態。大半的人，身心都很健康，甚至可以直言：「我沒有感受到壓力，那對我來說不成問題。」這是因為他們都會正視課題。

消除壓力的確很重要，但其實在此之中有一定要面對的「某個問題」。雖然他們可能都不是很清楚，但一定都能夠感受到「某個問題」。

覺得不協調、「焦慮」的真正原因

至今為止，為了成功你一定做了非常多學習，也做過各種決定，結果在生意或是金錢上，或許多少有些成果，但其實，在你內心深處一直都為「某個問題」感到焦慮對吧？

「我應該可以做得更好。」

「應該還有更多其他不同的世界。」

「雖然好像暫時解決了，但最近內心又焦慮了起來。」

無法說出口的焦躁情緒，是否在你心中翻騰不已呢？

在此，我們先來探究焦慮的真實面貌——試著探索自己的情緒吧。

我們試著以具體的例子來思考。假設你身邊有一個遇到壓力就想要逃避的同事，你對他感到很不耐煩：「辛苦的可不是只有你而已！大家都在努力啊！」我們來看一下這時候的心靈樣貌。請照著以下三個步驟思考看看：

1／挫折感

2／過去遭到自己禁用的方法

3／難過

首先我們來確認1「挫折感」。如果焦慮不安的原因來自於挫折感，可以用喝酒、運動、唱卡拉ＯＫ等較為輕鬆的方式來抒解。

但是，如果抒解後仍莫名殘留有焦躁的情緒，就必須看一下2「過去遭到自己禁用的方法」。

所謂「過去遭到自己禁用的方法」，指的是在過去，自己經驗過的事，或是受到電視劇、電影及漫畫等出場人物所影響，自己禁止自己使用的「方法」。對於輕易就使用這個方法的人，會湧現出怒氣。

比方說，經常會有的情況是「不能為了想輕鬆就撒謊」，或是「不能因為這點小事就哭」等。自己在過往曾嚴格禁止自己「不能因為這一點小事就覺得有壓力！」所以看到有人因為「這一點小事」而抱怨「壓力好大」，就會感到不耐煩。

而且，這之中一定隱藏著3「難過」。

難過的感情是來自於過往自己一個人挺過那些痛苦事情時，那分苦楚無人可講，在沒有獲得任何幫助的過往經驗下所帶來的情緒。憤怒的背後，一定有著「沒人了解我」「沒人注意到我」的哀傷。

對向他人抱怨自己壓力大的人感到焦躁時，如果只是單純的挫折感，有時能藉由抒解而單純地覺得「這樣啊」。

但是，如果焦慮的情緒伴隨著2和3，又另當別論了。在此我們可以斷定，在你心中一定**藏有想要處理的「壓抑的情緒」**。

不過，我並不是說不能抱有壓抑的情緒。在此我希望你能夠先注意到，你有能力感知到「儘管避開了壓力，但問題仍舊沒有獲得解決」。

市面上有許多說明冥想、瑜珈等內觀方法的書籍或工作室，其中一定會提到「消除壓力」「消除煩惱」這類成對的宣傳詞。

所有方法都會因使用的人不同而有不同的效果。當然，花時間找回自我是非常有意義的，但若本人不夠成熟，就難以達到真正的內觀。

精神上成熟了，就可以透過學習獲得並促成活化人生的能力。這才是對自己而言最適切處理自我心靈及情緒的能力。

所以，**第一步「覺察的能力」很重要**。

如果沒有處理自己情緒的能力，人就會用「算了，隨便啦」「真麻煩」這類方式來逃避焦躁不安的情緒。亦即，對於感覺到焦躁情緒的你來說，其實是有處理情緒能力的，因為**焦躁正有可能是「壓抑的情緒」**。

那麼，「壓抑的情緒」所指的到底是什麼呢？首先來看一下這是如何產生的。

現代人耗費了七成的能量壓抑情緒

日常生活中，到處都有「必須假裝自己沒有壓力、沒有負面情緒」的情況。

比方說，對早上人潮擁擠的電車感到的不悅、來自主管或客戶的不合理責難、夫妻間永無止境的不滿及惱怒、對社會的不安或憤怒。

現代人面對討厭的事情時，儘管心底感到「好難受」「好痛苦」，卻因被每天的任務追著跑而無法一一意識到那些情緒。因為我們會覺得，如果被這些細微的情緒牽著鼻子走，就無法轉動日常的循環，也無法在社會上生存。

因此，**我們會將覺察到或不好的情緒，緊壓到心靈的箱子裡**。

比方說，員工常會適時忽略主管的說教，不過真正能做到「適時忽略」的員工應該為數不多。他們會因為一旦承認自己「受傷」了，就無法繼續前進，所以把「受傷」的情緒壓到心靈深處，「假裝適當忽略」。

很多人從小時候起就一直持續這麼做。總之，假裝感覺不到情緒，是心靈在面對壓力時的防衛反應，也是一種維持組織秩序或循環的方法。因此，這絕不是一件壞事。

然而，**如果在日常生活中不斷「假裝感覺不到」，情緒的天線最終會生鏽，並且變得遲鈍**。

這正是我們從小就不斷進行著的「練習忽略自己的情緒」。

日常中，絕不可能隨處萌生有你「感覺不到」的情緒。你只是在還沒處理的情況下強迫自己「不可以產生情緒」，將心靈封閉起來。這些封閉的情緒，總有一天會像火山的岩漿不斷滾燙燃燒，隨時準備爆發。這就是自己吞不下去、壓入箱底的情緒，也就是壓抑的情緒。

宛如滾燙岩漿般持續升溫的「壓抑情緒」，會對現實造成影響，讓人對日常的一些小小壓力反應過度、失去理智、發起脾氣，甚至痛哭流涕。當然，如果每個人都不壓抑下這些情緒，我們的現代社會根本無法繼續運轉。

可以說，有很多現代人**將拓展人生能量的七成，都當作了煞車器，用來壓抑即將爆**

發的情緒。

總之，推進重要人生時，我們只剩下三成能量可以使用，因此現實才總是不如人意。連那些被稱為是「拚命三郎」「努力不懈」的人，也經常會感到「進度緩慢」，而更加猛踩油門。可是這樣就像是同時採了油門及煞車，這麼一來，能量總有一天會被燃燒殆盡。

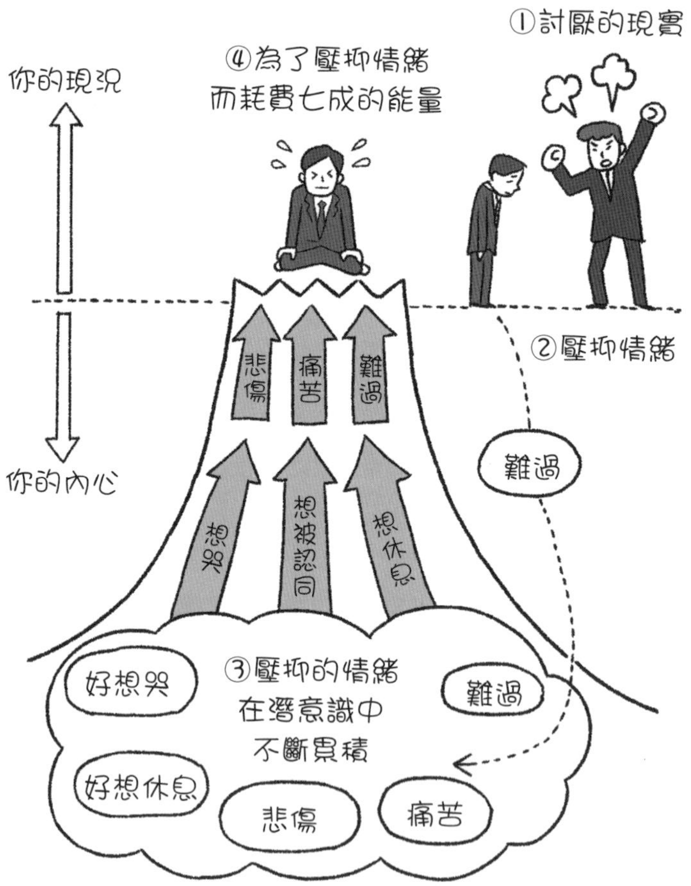

※圖 1：「壓抑的情緒，就像心底的滾燙岩漿。」

「迷失自我」的真正意涵

事實上，日本到高度經濟成長期為止，「訓練忽略情緒」都是非常有效的方法。因為即使忽視自己的情緒，依舊可以靠著埋頭苦幹而得到物質上的滿足，而且人們的開心與幸福大致上是相聯繫的。

但是現代的我們卻不一樣。儘管在物質上獲得了滿足，對於社會以及未來的不安卻增加了。以前的幸福論是重視任務、只要能賺得金錢或物質就是成功，但這論點已經無法通用。現今很多人都為生存的意義、工作的目的，還有人生的喜悅到底是什麼？又該如何才能獲得呢？而煩惱著。

在心理學中，這種狀況被稱之為「高層次疾病」，正確來說是美國的心理學者亞伯拉罕・馬斯洛博士所命名的。

我們生活在物質充裕的社會中，跟高度經濟成長期的前輩們比起來，是在更高一層次的精神次元中。金錢及物質的確能有助獲得幸福，但現在這時代，如何讓心靈感到滿足，不僅與金錢及物質的獲得、運用有關，滿足的感受也完全不同。

總之，人類的大腦及心靈，一直持續在進化。

有個老闆事業成功，賺了大錢，但是婚姻生活卻相敬如「冰」；有個打工族因為找不到想做的事、開心的事，所以不斷更換打工；還有個家庭主婦，如願以償地成為了「幸福人妻」，卻感嘆沒有生存的價值。

這三位實際上都是我講座裡的學員，社會立場各有不同。然而，大家卻都同樣感到心靈空虛、找不到生命意義。

他們所丟失的並非實質上「生命的意義」。**為人生的不足而苦惱時，人往往就會迷失「自我」**。

那麼，迷失自我指的是什麼呢?這就是將未處理的情緒硬塞進心靈箱子裡，持續假裝不曾感覺到那些情緒，並一一去執行那些為了變得幸福的「任務」所造成的結果。

奧地利精神分析學者佛洛伊德博士曾說過，我們能夠認識到其為現實的意識，只是冰山一角而已。

根據佛洛依德的說法，我們的意識是由不到百分之十的「顯意識」，以及百分之九十以上的「潛意識」所構成。人類可以認知到「我是這麼想的」這類顯意識，不到整體的百分之十。

不知道該怎麼處理而將之壓入心底的壓抑情緒，會刻劃進入百分之九十以上的潛意識。最後，在不知不覺中，將會對我們的現實帶來莫大影響。

總之，**所謂的迷失自我**，可以說**是自己的人生被「壓抑的情緒」所掌控的狀態**。

◆◆◇◆◆

內心的受害者、加害者、旁觀者

當我們將人生主導權讓給「自己沒意識到的那些壓抑情緒」，此時便會無意識地扮演以下三個角色：

1／受害者

2／加害者

3／旁觀者（批評者）

有著1受害者意識的人，總會將自己的不幸怪罪給自己以外的「某人」「某事」。

握有這種意識，其實會有以下三個好處：

- **我是受害者，所以可以什麼都不做。**
- **藉由成為受害者，可以將傷害自己的人視為加害者，並予以攻擊。**
- **藉由自己是受害者（可憐的自己），能夠確認自我存在的意義。**

然而遺憾的是，如果一直抱持著受害者意識，會將自己變成「得不到幸福」的人。幸福本來就不是藉著跟某人比較、「計算」而得來，只能靠自己「感覺」得到。但是一直抱持受害者意識的人，不管得到什麼都認為「不夠、不夠」「只有這種程度無法幸福」，也就是始終不允許自己獲得幸福。**因為，衡量幸福的標準不在自己，而在於旁人以及普世價值觀中。**

例如，有些人自年幼時期就看著父母辛勞，因此會在潛意識裡認為「不可以如此輕易地比父母早獲得幸福」，而抗拒幸福。

為什麼會這樣呢？因為這類人在幼年時期看到自己最喜歡的父母辛勞的模樣，而想著「想要過好一點的生活」「想要奢侈一點」，但他們認為「不可以有那種感受」，所以將那些念頭封存在心中。

在這些人心中就會形成「不可以奢侈浪費」的價值觀。下一章節我會做更詳細的說明，簡單來說，這就是壓抑的情緒所帶來的作用。

同時抱持著受害者意識的人，若無法獲得幸福，會把原因怪罪給「都是這個世界的錯」「都是別人的錯」，這其實也是一種潛在性的優點。將「當自己獲得幸福，就不再能怪罪任何人」這分恐懼，放在幸福之前，因此「無法為獲得幸福而行動」。

而扮演第二個加害者角色的，又是什麼樣的人呢？

那就是會將所有事都說成「是我害的」「都是因為我這麼說」「因為有我在」等自責的人。

這類型人乍看之下很在意周遭、很謙虛，但其實總是「我、我、我……」只考慮自己。

那麼，他們到底為什麼那樣做呢？因為他們希望藉著這麼做，**來確認自己對這個世界的影響力，以及存在的價值**。

他們總是以自己為中心，所以周遭的人必然會漸漸疏遠他們。因為他們的思維方向雖然好像都向著別人，但事實上只有想到自己。

儘管如此，對於口口聲聲「我、我、我」，想藉此確認存在價值的人來說，實際上卻覺得「自己」非常缺乏存在感。因為內心深處懷抱著某種壓抑的情緒，理所當然會深信自己沒有存在價值。

幸福必須是「自己」感受得到才能得到的東西，而對「自身」存在感稀薄的他們來說，當然沒有獲得幸福的能力。

那麼最後的旁觀者（批評者）又如何呢？

帶有旁觀者意識的人，經常會針對他人。他們常會說的話就是「那傢伙真糟糕啊」「看吧，我就說過了啊」，將自己的問題放一邊，卻批評他人。**他們站在批判的角度，自己的人生沒有任何進展也沒關係，所以很輕鬆，而且這麼做還能讓他們感到自己完成了些什麼。**

也就是說，擔任旁觀者，自己的人生就不會展開。說一句玩笑話，如果沒注意到這一點，這種人在開始自己的人生前，生命就已經先畫下了句點。

受害者、加害者以及旁觀者，可以說是壓抑情緒的化身，會在你心中接二連三地出現。當在現實中，不斷重覆發生同樣問題、人生陷入混亂時，人一定會被囚困在其中一個角色。

這種狀態就像是在，**將人生的主導權讓渡給在潛意識中的「壓抑的情緒」，並且被控制著「不能獲得幸福」**。

得知這個事實時，所有人的反應都是「才沒有這種事」「太教人驚訝了」。我想多數讀者的反應也是如此吧。

「驚訝」這種情緒其實也有構造。所謂的驚訝，是因為現實狀況與自己內心的期待有落差所造成的心理反應。仔細觀察這個構造，會發現全都是只存在於我們心中的感情。

儘管會對落差感到沮喪，但此時**如果可以將「與期望之間的距離」，轉而想成是「自己的可能性」，就可以清楚看見自己該做什麼事**。這就是將挫折化為前進的動力。

前進的第一步，就是確認自己現在的位置。也就是說，要正視「不順利」的現實。

如果覺得「現在這樣就很好了」，也很OK。但若是覺得心靈似乎被什麼牽動著，就要試著問自己以下的問題：

「我是否正在扮演受害者、加害者，或是旁觀者呢？」

找回真實的自我——馬斯洛的五大需求理論

世界上找不到「正確的人生定義」，以受害者、加害者，或是旁觀者的身分活著，也只是其中的一個選項。

事實上，很多人都被困在某種角色中，卻可以在覺得自己「很幸福」的情況下度過一生。所以這問題的答案無關正確與否。

只不過，你如果懷疑自己「或許正在扮演某種角色」，並且想要擺脫那樣的狀態，那也是其中一個選項。有方法可以奪回人生的主導權，發揮自己百分百能力，過著隨心所欲的人生，而且那個辦法輕鬆簡單得驚人。

只要拋開受害者、加害者、旁觀者任何一個角色，站在正中央，以自己本來的樣貌去生活即可。

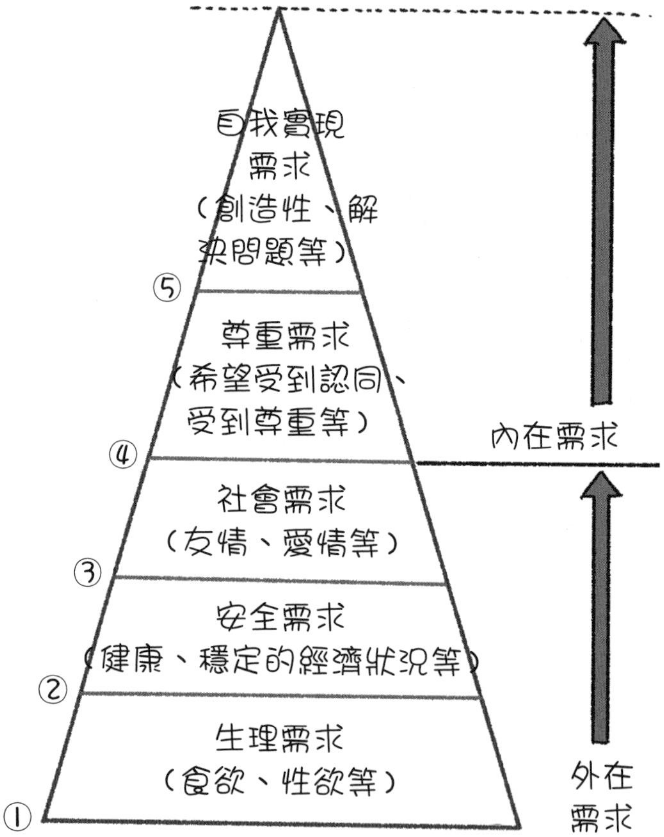

※圖 2：馬斯洛五大需求理論。

以自己本來的樣貌生活，指的到底是什麼呢？我以先前介紹過的心理學者馬斯洛博士有名的「五大需求理論」為基礎來說明。

根據馬斯洛的理論，人類的需求就像一個五層金字塔。請見前頁圖示。

「生理需求」「安全需求」「社會需求」這三階段，都是飲食、居家安全、擁有家庭與工作等這類以自己外在對象為主的「低層次需求」。處於高度經濟成長期時，人們會為了滿足這些「低層次需求」而傾盡心力。

另一方面，現代人打出生起就處在「低層次需求」獲得滿足的狀態。隨著成長到一定的程度，就會渴求第四個階段的「尊重需求」，希望被他人認同以及尊重的內在需求。

先前提到，人生在受害者、加害者、旁觀者狀態兜圈子的人，會非常努力想要滿足第三階段的「社會需求」，以及第四階段的「尊重需求」。

然而不可思議的是，來我課堂上的許多學員們，大家都有很好的工作，生活中也都圍繞著家人及好友，以旁人的角度來看，這些人明明已經完全滿足了那些需求，但自己卻始終抱持著無可奈何的欠缺感。

總之，在第四階段及第五階段間的狹小範圍內，有著某種障礙，那正是我們現今所遭遇過最大的高牆。請問大家，我們最無法滿足的是哪一項呢？工作、金錢，抑或是家庭呢……？

我們最不想承認、最討厭的，別無其他，其實就是「自己」。

我們無法直視最真實的自己，說著「才沒有這種事」，總是追尋著某個夢想。然而事實上，**如果沒有辦法面對真實的自己，永遠都無法掌握人生的主導權。**

想要邁入第五階段，找回「原本的自己」，必須好好面對並認同真實的自己。

利用壓抑的情緒，拿回人生主導權

想必大家應該都已經了解，將我們現實生活搞得愁雲慘霧的壓抑情緒，就是被普世價值觀及他人評價牽著鼻子走、被控制的自己。

壓抑的情緒，可以說是在現實生活中引發問題或造成混亂，藉此發送訊號，讓你注意到那些該注意的事情。

然而那些情緒，都是你從小時起就不斷累積、塞入內心深處的，所以要挖掘出來稍微需要一些技巧。

下一章開始，我會介紹挖掘的工具，也就是4ness應對法則。

所有材料都在自己的情緒中，不需要特別跑去哪裡學些什麼，「要使用」或是「不使用」那些材料，也全看自己的選擇。假設你選擇「不使用」，並不會有任何損失，這一點也請務必牢記。

但是如果你決定積極「利用」，你的現實生活就會自動產生變化。**在前方等著你的，是一個能夠百分百發揮自己能力，並活得「隨心所欲」、成熟的你自己。**這就是馬斯洛需求五層次理論的第五個層次，找回「自己人生的活力」，不被世界或是其他人的價值觀所困，你原本的姿態。

對4ness應對法則的學員來說，很多人理解了如何緩解壓抑的情緒之後，有些能在幾個月之內還清數億日圓的借款，有些提高年營業額達兩倍以上，有些則能漸漸解決家庭與夫妻問題。

長年累積在心底的壓抑情緒，對於現實生活就是有如此大的影響。

4ness column ❶

錯誤的認知①

幾乎所有人都有一些「錯誤的認知（B）」（參考第2章），最具代表性的就是「不擅長經營人際關係」，以及「不擅長應對金錢的話題」（參考P91）。這些認知B，對現實生活有什麼影響呢？在此舉常見的例子來說明。

「常有的認知①　不擅長經營人際關係」

不擅長經營職場或學校的人際關係是非常痛苦的，但有很多自認為不擅長經營人際關係的人，其實都是想著「比起選擇，我比較想要被選擇」「別人所講的話一定要聽」的被動類型。

被選擇，以及主動選擇的人，各位認為哪一種人是成熟的呢？

這無關乎上下立場的問題，純粹是自己「挑選」想要往來的人。事實上，個體越是不成熟的人，就越會從「自己被選中了」的情況中感受到價值。

對人際關係感到苦惱的「被選擇的人」，其實真正的想法是「如果不是所有人都選我，就沒有存在價值了」。因此，若是身邊有「不選擇我」的人，哪怕只有一個，也會讓他非常在意，甚至還會感覺自己受到傷害。但是，冷靜想一想，要得到身邊所有人高度的尊重及賞識，無論是誰都不可能辦得到。

這是為什麼呢？因為我的情緒是我自己的責任，而對方的情緒是對方的責任。

假設有一個投手被打出了一支全壘打，失望地走回休息室的長椅。同隊的伙伴們應該瞬間能夠理解投手的心情，但在這種情況下，有些投手會因為隊友的「忽視」而恢復平靜，當然也會有投手心裡懷抱著「感謝」。

即使是為了對方著想而做出的舉動，但對方有什麼樣的感覺都不是我們的責任。對於不擅長經營人際關係的人來說，這種責任的界線很模糊不清。這就跟想要控制他人，或是想要被他人控制是一樣的。

為什麼自己不被選中就會感到憂鬱呢？如果可以細心找出這個認知B，很快就能了解到自己沒有必要被所有人選上，自然就能放寬心。

而且，有自我認同的人，即使遇到跟自己持相反意見的人，也可以欣然接受。討厭的人以及難以應付的人，也會隨之減少許多。

第二章

看穿情緒的構造

～Awareness～

4ness之旅，找回真實的自己

你真的想要「改變自己」嗎？

本章開始劈頭就問這個沒頭沒腦的問題，但想要實行4ness應對法則，這是非常重要的前提。

無論是誰，如果可以以自己原本的模樣輕鬆快樂，過著幸福的生活，那是最單純也最棒的事了。世人的煩惱與問題之所以是無窮無盡的，可以說正是因為解決不了。

4ness應對法則，絕不是要「改變」你的工具。

而是**藉由審慎處理被世間常識及價值觀牽著鼻子走、即使看到也裝作沒看到的自己的情緒，以回復本來自我的思考法**。

具體而言，4ness是依以下幾個步驟而成立的思考方式。由於英文都以ness

結尾，故稱為四個ness，也就是4ness。

1／覺察（Awareness）
2／原諒（Forgiveness）
3／正念（Mindfulness）
4／合而為一（Oneness）

詳細內容我會在後面的章節加以敘述，本章將針對一開始的步驟「覺察」進行說明。

我們對人生感到困惑或是煩惱不已的時候，往往會去學習成功法則以試圖解決，或是求助神明、接受治療等。

選擇何種解決方法，有個人喜好以及是否適合等問題，只要能讓當事人的心情變輕

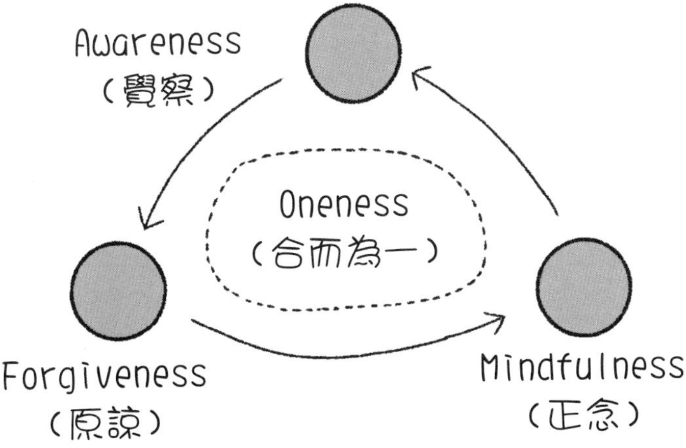

※圖 3「4ness 迴圈。」

鬆，基本上選擇什麼方法都可以。

此外，還有一件事情希望大家了解，那就是「**情緒有構造，也有處理方法**」。**你內心深處的「壓抑情緒」，會在心中纏成複雜的線團，並存在於自己最難取出的地方**。但是，只要知道我接下來要告訴各位的理論及使用方法，就可以確實地靠自己一一解開這些線。

說得更深入些，各式各樣的成功法則或治療法等應對方法，在利用這個理論處理自我的心靈問題時，才初次在真正的意義上發揮了「效果」。在下面4ness的旅行中，將會不斷反覆使用到這個理論。

這個理論就是接下來要介紹的「ABC理論」。這是一個非常簡單易懂的理論，是一九五五年時，美國臨床心理學者阿爾伯特・艾利斯（Albert Ellis），以認知行為療法為基礎所思考出來、揭露情緒構造的理論。

情緒並非「自然」產生

有很多人會下意識地認為情緒是根據事件而「自然」產生的。但我一開頭就告訴4ness應對法則講座中的學員們這件事：

「事件與情緒之間的關聯性，比我們想像的要小。」

這個祕密裡頭隱藏了情緒的構造。現在我們就用阿爾伯特・艾利斯所說的「ABC理論」來詳細說明。這裡所指的ABC，分別是以下幾個英文單字的字首：

A：Activating event（事件）

B：Belief（信念、信條、既有觀念、認知方式）

C：Consequence（結果、情緒）

ABC理論告訴我們，**情緒（C）並非由事件（A）所引發，而是對事件的認知及理解方式（B）而產生。人的情緒是以A→B→C的順序而產生。**

比方說，想要改變不如意的現實時，你會從何處開始改變呢？

若是減肥，應該會考慮「限制飲食」或是「運動」等，從「行動」開始改變。但事實上，這樣的想法反而是無法改變現實的最大原因。

我們認真思考時，腦中會進行「自我內在對話」。比方說想要減肥的人，他們最後決定要不要運動的關鍵，你認為是什麼呢？

堅強的意志、嚴謹的計畫、強化自己變苗條的印象……等等。

遺憾的是，決定行動的不是上述任一點。人們經過自我內在對話之後，會選擇音量較大的那方行動。也就是說，會選擇讓情緒起伏較大的行動。

然而，如果這個人原本就有「跑步＝最喜歡」「安靜不動＝討厭」的認知（B），情況又如何呢？這種人本來就很難變胖，也不會為了減肥而煩惱。

如果是情緒最終決定了要不要採取行動，該怎麼做才能輕鬆獲得想要的結果呢？

答案很簡單。**選擇能夠引發最佳行動的最佳情緒即可。**

「選擇情緒，指的是什麼……？」

有很多人會這麼想對吧？因為我們都**下意識地相信「情緒是針對事件而自然湧出的反應」**。

過往曾萌生出的「討厭」情緒，的確很難輕易改變。

但是**這種情緒所衍生出來的認知B，事實上是過去你藉著名為「經驗」的學習而學到的**，也就是透過學習才學習到的。因學習而學會的事物，將能藉著再次學習而轉換改寫。

若以先前減肥的例子來說，當然也有主動選擇「運動」這種痛苦的做法。但是只要持續選擇痛苦，總有一天會放棄，並且因傷害了身心，而不得不放棄目標。

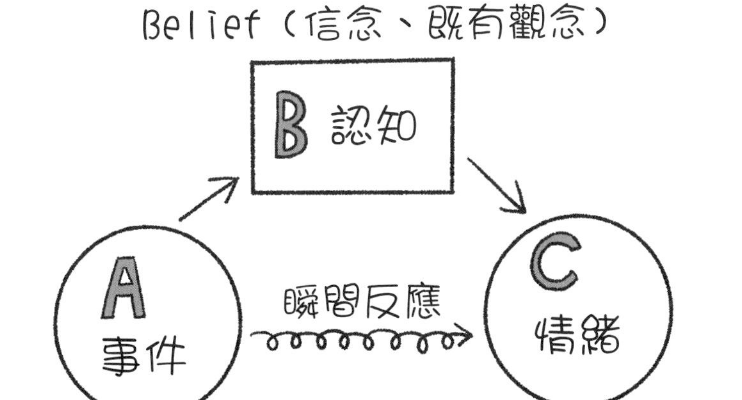

※圖 4「ABC 理論的作用。」

不過，即使一開始是痛苦的，但若是出乎意料有了好結果，那麼也有可能轉變成「運動＝開心」。這就是轉換認知的方法。

運用「ABC理論」了解情緒構造

ABC理論是運用4ness應對法則，探索壓抑情緒時最重要的工具。為了能儘快熟悉運用方式，在此各位可試著做一下簡單的練習，以實際感受ABC的作用。

這個練習沒有正確答案。只要將當下的直覺想法寫下來即可。雖然麻煩，但建議大家用筆寫下來。因為藉由書寫，會跑出一些你平常沒有意識到的詞彙。

請在下列（　）中，寫下你有什麼感覺，會做出什麼反應。

A（事件）：你被主管責罵。

B（認知）：你認為「自己什麼都做不好……」那麼，你會有什麼感覺？會做出什麼反應？

C（結果與情緒）：你覺得（　　　　）），並做了（　　　　）。

接下來是同一件事，但試著使用不同的「認知（B）」來想想看。

A（事件）：你被主管責罵。

B（認知）：你認為「主管今天心情很糟啊」那麼，你會有什麼感覺？會做出什麼反應？

C（結果與情緒）：你覺得（　　　），並做了（　　　）。

A（事件）：你被主管責罵。

B（認知）：你認為「誤會總有一天會解開。」那麼，你會有什麼感覺？會做出什麼反應？

C（結果與情緒）：你覺得（　　　），並做了（　　　）。

A（事件）中，全都是「被主管責罵了」，但大家應該可以了解到B（認知）只要一改變，C（結果或情緒）也會變化對吧。

若抱持著「自己什麼都做不好啊……」的認知，大半的人應該都會感到「沮喪」並

「煩惱」。

然而若認知到「誤會總有一天會解開」，或許就會產生「可以稍微擱置一段時間」「等對方冷靜下來再去談談」這類正向的情緒。前者與後者會因為自己採用的認知，當時所受到的精神壓力，以及後續的行動，都有明顯的不同。

即使出現相同的事件，**只要認知B改變了，情緒或結果隨之變化的例子所在多有。這就是ABC理論的作用。**

下一頁準備了六種例題。在我的講座裡，這是第一次上課時一定會進行的作業之一。我再重複一次，答案只是反映出你的性格，無關正確與否。請自由寫下自己的想法。

Work 1↓ABC的作用

試著在（　）中填入答案。

練習a：「好朋友打電話來」

A：明明有留言請好朋友打電話過來，但對方卻沒有打來。

①
B：你認為（　　　　）。
C：結果，你一整天都感到很鬱悶。

②
B：你認為（　　　　）。
C：結果，你一整天都很焦慮。

③
B：你認為（　　　　）。
C：結果，你並沒有因此而心情不好，一整天都過得一如往常。

練習b：「想要向公司請假」

A：早上感覺好疲憊，不想去上班。

①
B：你感到（　　　）。
C：你向公司請假了。

②
B：你感到（　　　）。
C：你心不甘情不願地出門。

③
B：你感到（　　　）。
C：你上班去了。

練習c：「行銷業務」

A：看似應該很容易可以成交的客戶，卻失敗了。

①B：你心想「自己真是一個沒用的員工」。
C：你覺得（　　　　　），然後做了（　　　　　）。

②B：你心想「合約是對方決定的」。
C：你覺得（　　　　　），然後做了（　　　　　）。

③B：你心想「這不過是一時的運氣罷了」。
C：你覺得（　　　　　），然後做了（　　　　　）。

練習d：「員工的失敗」

A：員工重複同樣的失敗。

①

B：你認為（　　　）。

C：你勃然大怒，喝斥道：「我不是講過很多次了嗎！」

②

B：你認為（　　　）。

C：你覺得這個員工怎麼教也沒用，所以放著不管。

③

B：你認為（　　　）。

C：你找出員工不懂的地方，並幫助對方熟悉。

現實的八成都是想像

ABC作用的練習，多少可以反映出你擁有的信條及既有觀念。其中想必應該有人無法填入某些項目的答案。其實這也是了解你內心的重要線索。

接下來我繼續以學員們的答案為例，說明作業的內容。

首先來看練習a「好朋友打電話來」。

常見的回答範例如下：

A：明明有留言請好朋友打電話來，但對方卻沒有打來。

①B：你認為（我應該被討厭了吧）。

C：結果，你一整天都感到很鬱悶。

②B：你認為（自己被忽視了）。
C：結果，你一整天都過得很焦慮。

③B：你認為（對方一定很忙吧）。
C：結果，你並沒有因此而心情不好，一整天都過得一如往常。

在練習a中，有位學員讓我印象深刻。一位男社長怎麼樣也無法在③認知（B）中填入「整天都過得一如往常」。我聽到他的反應後，覺得他的員工應該每天都過得很辛苦。

無法填入③的認知，顯現出他身為社長的思維模式，無法想像對方會有類似「一定很忙所以沒辦法打電話」的狀況。

恐怕他強烈抱持著「必須馬上回應社長的指示」，這類身為經營者的認知或信條（B）。如此一來，他就無法填寫進自己沒想過、也不曾使用過的認知。

此外大家注意到了嗎？在練習a中，影響到一整天情緒的認知（B），全都只是「想像」。

好朋友為什麼沒有回電?面對尚未確認真正的事實，有些人一整天都過得焦慮不安，有些人卻是過得一如往常。因此可以說，我們稱之為現實的東西，有大約八成其實都是想像。

你究竟都在做哪些「想像」呢?其中應該就能呈現出你的思考習慣，即認知（B）。

◆◆◇◆◆

信念或既定觀念，會隨時間或經驗改變

根據ABC理論，B（認知）可以顯示出一個人的信條或既有觀念，不過會因為年齡及經驗值，而變成對自己人生來說更有效的認知。

例如練習b「想要向公司請假」就是經驗值強化了B的最佳範例。

A：早上感覺好疲憊，不想去上班。

①B：你覺得（自己好像生病了）。
C：你向公司請假了。

②B：你覺得（會對其他人造成困擾）。

C：你心不甘情不願地出門了。

③B：你覺得（去了之後總能撐過去的）。

C：你出門上班了。

作為社會人，經驗值越高的人，越會帶著「去了之後總能撐過去的」這種認知B。心想「這樣的身體狀況，總會有辦法撐下去」，結果實際到了公司之後，也順利完成工作。類似的經驗讓人產生了認知，而且重複成功的經驗，會強化「去了之後總能撐過去」的認知。

好比說，看到梅乾時會分泌出唾液，沒吃過梅乾的人，看到梅乾也不會分泌出唾液。「吃過梅乾」的經驗（A）會產生出「好酸」的認知（B），其結果就是會分泌口水（C）。

知道了梅乾的味道之後，就無法停止分泌唾液這個結果。不過，如果能夠了解到這是基於「好酸」這個認知的基本反應，就不會對突然分泌唾液而產生「這是怎麼回事啊？」的不安。

亦即，將認知意識化後，就可以沉著對應結果，或產生的情緒。

一流人物具有一流認知

看到這裡，感覺敏銳的人應該已經注意到了吧。不論是在工作，還是人際關係上，能順利處理事情的人，都必須以「可以成功」的認知B為基準去選擇行動。

最後的練習c及練習d應該可以給在工作上有煩惱的人，饒有深味的啟發。首先我們來看一下練習c「行銷業務」的回答範例。

A：看似應該很容易可以成交的對象卻失敗了。

①B：你心想「自己真是一個沒用的員工」。

C：你覺得（這份工作不適合我），然後做了（想要換工作的打算）。

②B：你心想「合約是對方決定的」。
C：你覺得（自己沒有什麼不對的地方），然後做了（下次要再去的決定）。

③B：你心想「這不過是一時的運氣罷了」。
C：你覺得（運氣真的很重要），然後做了（去寺廟參拜的動作）。

離職率較高的公司，很多員工或新人都會寫下類似①的答案。

新人都會犯下一次或兩次的錯誤，然而新人會馬上提離職的公司中，有很多員工都會像①那樣，將工作上的業績與自己的存在價值混為一談，我們稱此為「自我主體化」。「自我主體化」員工居多的公司裡，必然沒有辦法培育出優秀的人才。

這時候，原因其實是出在指導工作的主管而非員工，有些公司過度強調績效主義，這類文化有問題的公司案例還不少。

若指導員工對於未知的工作要展現出勇於嘗試的行動、給予正面肯定，並教導員工累積經驗的重要性，情況會變得如何呢？想必員工應該自然而然就能產生出②的認知及結果。

又或者是即使一度覺得「行不通」，還是可以保持高度的熱情，認為自己可以「再多努力一點」不是嗎？

最後練習d「員工的失敗」這個提問，同樣也是給予想要培育出優秀員工的主管所必須具備的B。請看回答範例。

A：員工重複同樣的失敗。

①B：你認為（這傢伙，根本沒有在聽嘛）。
C：你勃然大怒，喝斥道：「我不是講過很多次了嗎！」

②B：你認為（他沒有能力）。
C：你覺得這個員工怎麼教也沒用，所以便放著不管。

③B：你認為（必須在指導方式上多下點功夫）。
C：你找出員工不懂的地方，並幫助對方變得熟練。

一個超級業務員升格為管理者時，突然會變得不知道該怎麼工作，你曾看過這樣的案例嗎？新人時期明明很優秀，被賦予中級管理職務時，卻變得很不中用……這樣的例子屢見不鮮。

其中究竟發生了什麼事呢？解謎的關鍵還是在於認知Ｂ。超級業務升格為管理者後成績卻一落千丈，儘管自己的立場以及角色有變，卻依舊採行自己身為超級業務時非常有效的認知Ｂ。

有才能的主管，是能像③一樣，於早期就以有益於員工的認知Ｂ來指導員工。而且從事一流工作的人，也有相應於該職務的一流認知Ｂ。達成目標的秘訣與使用什麼樣的Ｂ來採取行動有關，絕不能莽撞行事。

◆◆◇◆◆

在詞彙文化中所隱藏的既定觀念

在ABC理論中所介紹的B（信條、既定觀念），稱為「認知」。直白地說，認知就是「自己如何說明發生的事」，也可以簡單地說是「想法」。在前面練習中，我們看過與事件相對應的認知B，然而**事實上，在許多詞彙及文化中，也藏有認知B**。

例如「飽足」這個詞，大抵上可以分成兩種類型的認知B，分別是「飽足好幸福」，以及「飽足好痛苦」。

減肥的人會自我限制飲食，對於認為「飽足＝幸福」的人來說，「八分飽」會成為壓力，不過對於認為「飽足＝痛苦」的人來說，限制飲食不會是痛苦的事情。當然，後者會比較容易達成目標。

若不改變對於減肥來說不可或缺的「運動」「甜點」詞彙的B（認知），不管瘦了多少，都會不斷復胖。換句話說，只要改變與減肥相關詞句的B，就可以不斷瘦下來。

另外，**認知不僅潛藏在詞彙中，也蘊含在文化裡**。前往不熟悉的國家，感受到文化衝擊時，大多都是來自於認知的差異。

比方說日本人有個認知是「穿著鞋子直接進到家裡很不乾淨」，所以會脫鞋後才進到家裡。

可是美國的認知是「打赤腳不乾淨」，所以美國人會直接穿著鞋子走進家門。

也就是說，**所謂的文化衝擊就是認知衝擊**。

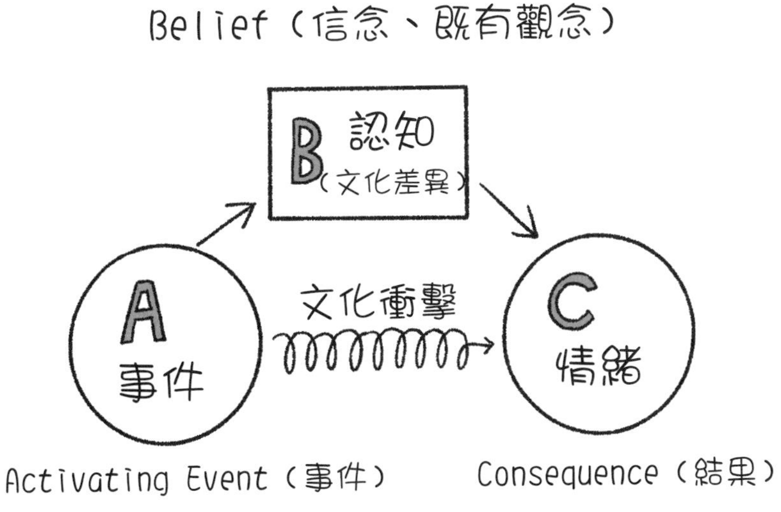

※圖 5「文化中也有 B。」

認知造就現實

事件、詞彙、文化，這些全都藏有每人不同的認知，但其中有個認知與個人的人生關係最深，希望大家能珍而視之。

那就是**「自我認知」**。

你是怎麼想自己的？你是怎麼說明你自己的？諸如此類與本身相關的認知，就稱為「自我認知」。

在此先說結論，**在你眼前的現實，就是由「自我認知」創造出來的**。以心理學的專業術語來講，可以稱之為**「投射」**（圖6）。

到目前為止我們說過了，對事件所產生的情緒以及結果，可以根據認知，轉變成不同的形式。

那麼，如果你的「自我認知」投射到了現實中，想要改變現實，你該做些什麼呢？

是的，只要讓「自我認知」運作起來就可以了。

※圖 6「投射：自我認知（B）創造了現實。」

◆◆◇◆◆

扭曲的認知會扭曲現實，扭曲的現實會強化扭曲的認知

只是，即使我這麼說，或許馬上能理解的人並不多。

因為多數人都是以自己認為正確的「信條＝認知B」為基礎，採取種種行動在人生中前進。

許多自我認知都以「我應該要……」或是「我非做……不可」之類的「應該」形式來表現。舉個單純的例子如下：

A（自己的現實）：被女朋友甩了。

B（自我認知）：沒有錢的男人不受歡迎，所以我要努力賺錢。

C（情緒、結果）：增加工作量。

如果以對自己的適切認知（自我認知）為基礎所產生的C（情緒），能成為行動的原動力，應該就能接近自己希望的結果。但是，如果情緒C無法得到自己期望的結果，就應該要質疑認知B。

因為在現實生活中容易遇到問題的人的「自我認知」，大多時候都會受到人生經驗中的他人、環境，以及來自社會的各式因素所影響，以致在解讀階段就扭曲了。

前述所舉的例子也是如此，被女朋友甩掉的真正原因並不是沒錢，或許只是單純的個性不合，或是溝通不良。然而他本人卻沒有發現這點，反而往增加工作量的錯誤方向努力。

像這種**「扭曲的認知（B）」，一定會創造出「扭曲的現實」**。而這個「扭曲的現實」，又更加強化了「扭曲的認知」。這正是我們人生中頻繁出現煩惱及問題的真相。

壓抑的情緒會產生扭曲的認知

那麼，自我認知為什麼會扭曲呢？

事實上這與本書書名所提到的「壓抑」有關。其中的關連性可以透過具體觀察扭曲的「自我認知」如何對現實生活造成影響，就能簡單了解。

在此將介紹我實際接觸過的顧客案例。

1 「容易被騙的人」

▼經營者接受壓抑的情緒，改變「被欺騙的現況」

曾經，有一位非常優秀的服飾業老闆來參加講座。他來聽講的時候，很感嘆地說：

「我又被騙了。」

一經追問，我才了解到原來他強烈地抱持著「必須要相信他人」這種自我認知。那麼，問題來了。他雖強烈抱持「必須要相信他人」認知，但他究竟是「相信他人」，抑或是「不信任他人」呢？

人無時無刻都在呼吸，但沒有人會意識到「我現在可以呼吸」。因為我們知道呼吸是極其自然、理所應當的事。

也就是說，對硬要想著「必須要相信他人」的這位老闆來說，「相信他人」不是一件自然而然的事。

人生中，存在著能信任以及無法相信的人是理所當然的。因此，「必須要相信」這個被強調的認知，其實是他認為「不能相信他人」的反向思考。

更進一步深談後，我才知道原來他跟熟人或朋友談生意時，都沒有簽合約。就連「來簽約吧」這句話他都說不出口。

因為他認為如果跟對方說：「我們來簽合約。」對他來說就等於告訴對方「我不相信你」。「害怕自己不相信他人的想法會露餡」，所以養成他輕易用口頭訂約的習慣。

光是口頭約定，即使對方沒有惡意，都無法避免口說無憑。結果，若因此與對方產生嫌隙，也是莫可奈何。

但是，他為什麼會害怕「不相信他人的自己」被發現呢？實際上，持續深究「必須要相信他人」認知之後會發現，原來裡頭暗藏了「不信任他人的自己，沒有生而為人的價值」這種扭曲的認知。

他以「不信任他人的自己，沒有生而為人的價值」的認知為出發點，衍生出「不相互簽約」的行為。然而卻總是會和拚了命去相信的伙伴發生問題、被騙。

那麼，他應該要怎麼做才能不再受騙呢？答案很簡單。

只要將「不信任他人的自己，沒有生而為人的價值」這個扭曲的認知，扭轉成「不信任人是很自然的」，如實承認自我的認知就可以了。如此一來，就會採行「簽約」的行動。也就是說，「遭到欺騙」的現況將會有戲劇化的轉變。

不可思議的是，為什麼他會形成「不信任他人的自己，沒有生而為人的價值」這種扭曲的認知呢？仔細聽他說之後，我發現原因出在他幼兒期與母親間的關係。據說他父母的關係不睦，母親曾得意洋洋地拿著舊情人的照片，也就是父親之外的男人照片，給年幼的他看。

對於生來只懂得愛著父母、信任父母的孩子來說，即便還懵懵懂懂，在得知「母親好像背叛了父親」的時候，也會因此緊閉心門。所謂的關上心門指的是幾乎在無意識中，內心所發動的自我防衛機制，也就是強制結束感受。

因為若是承認了與生俱來的信任對象——母親——背叛，並因此厭惡她，那麼自己不僅不再被愛，甚至可能無法活下去。

這個時候，孩子不知道該怎麼處理「無法信任他人」這種人生中第一次遇到的情緒，只好封存在心底深處。孩子認知到，若承認「有無法信任的人」是很危險的，因而形成了「必須要相信他人」的扭曲認知（P77圖7）。

壓抑的情緒造就出在現實生活中引發各種問題的扭曲認知。雖然構造稍微有點複雜，但大家多少能理解吧。

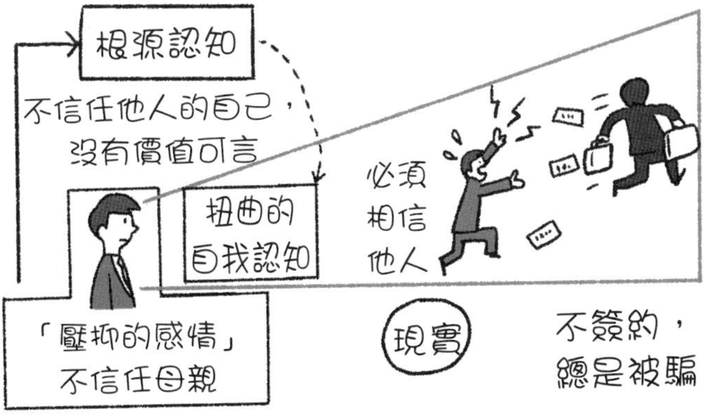

※圖7「容易被騙的人，所產生的投射。」

2

「老是愛上渣男的女人」

▼一位深信自己沒有被愛價值的女性投射

接下來要介紹女性常會碰到的案例，也就是老是喜歡上「渣男」的故事，在你周遭想必有一兩個這樣的女人。

工作不好好做，總是跟她開口借錢。正想說她終於和眾所皆知的「渣男」分手了，接下來居然又跟同類型的男人交往……。

這種女人的感情，究竟發生了什麼問題？若將其轉化成投影圖來看，就像圖8那樣。許多喜歡渣男的女人，都有著「只有我能照顧他」，或是「只有我能支持這個人」之類的認知（B）。

這麼想的女性，是否認為「自己有被愛的價值」呢？答案當然是NO。

其實她深信著「我沒有被愛的價值」。「我沒有被愛的價值」這種扭曲的認知，造就出「無法被愛的」現實。而無法被愛的現實更強化了「我果然沒有被愛的價值」這個扭曲的認知。

然後就會藉由選擇似乎愛著自己的渣男，來感受自己的價值，結果投射出來的，卻是無法變得幸福的現實。

這樣的女性可能是年幼時無法坦率向父母撒嬌，或是出於曾經歷過痛苦失戀等原因，才會將「想要被喜歡的人愛」這類情感，封存在內心。

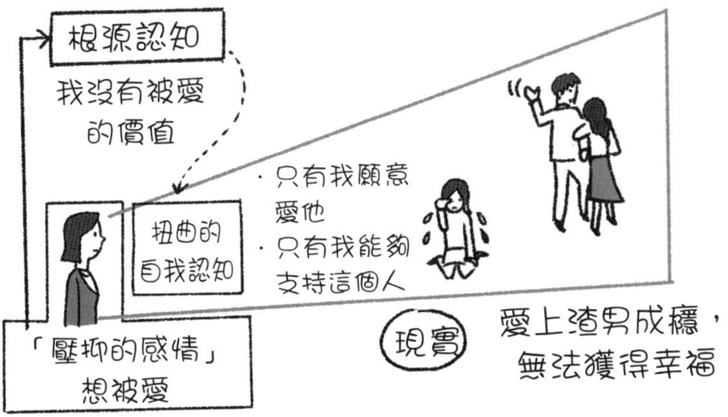

※圖 8「愛上渣男成癮的女性，所產生的投影。」

面對壓抑的情緒，八成的問題都可以解決

像這種一再重複出現的問題，一定潛藏著壓抑的情緒，以及扭曲的自我認知。

然而不可思議的是，只要能夠意識到扭曲認知，覺察到形成此問題的壓抑情緒，現實將說變就變。

前述不信任他人的那位老闆，只是認同了「自己並不信任他人」，接受了「原來是這麼一回事啊」，就變得能夠簽訂生意上的合約了。他表示，從那之後再也沒被騙過。

發現遭到扭曲的自我認知，並且接受造就此問題的壓抑情緒，就有可能改寫並緩和認知（B）。

事實上在這個階段，**等於已經解決了八成的問題**。因為這樣就能清楚看見問題的構造，自己就能選擇為了達成目的該做且風險較小的行動。

而且或許他人曾經指出你的扭曲認知，而你也早就隱約感覺到「說不定我有這樣的想法……？」「是我想太多了嗎……？」

透過ABC理論解開情緒，終於了解到原來那真的是「成見」，意外地，人就能輕易改變行動。莫名困於痛苦情緒的情況消失了，對自己的行動也有了自信，所以現實就會變輕鬆。

在你的現實中，究竟投射出了哪種「自我認知」呢？

相信你應該也有所覺察。接下來我將稍微詳細的來解說一下，該怎麼做才能接受未壓抑的情緒、改寫並緩和自我認知。

緩和「自我認知」，回歸本我

所謂緩和並改寫自我認知，說得極端些就是回到自己的核心（中心）。

日常生活中，我們都會以顯意識來進行thinking（思考）、doing（行動）、having（收穫）等活動。

一般來說，現代人總過於注重「思考↓行動↓收穫」的循環，感覺很拚命在進行這個循環，然而事實上這不過是佛洛伊德所說，以「不到百分之十的顯意識」所進行的活動。

那麼，如果在這個循環之外，還有一個更寬廣的領域「being」（存在），情況會是如何呢？

在心理學的領域裡，「存在」用更淺顯易懂的方式來說，就是「百分之九十以上的潛意識」，能擁有「完整的自我」，也就是你的成長空間。

緩和、改寫無法創造理想現實的認知（B），就可以一點一滴回歸自己的核心，同時不斷擴大存在的領域（P84圖9、P85圖10）。

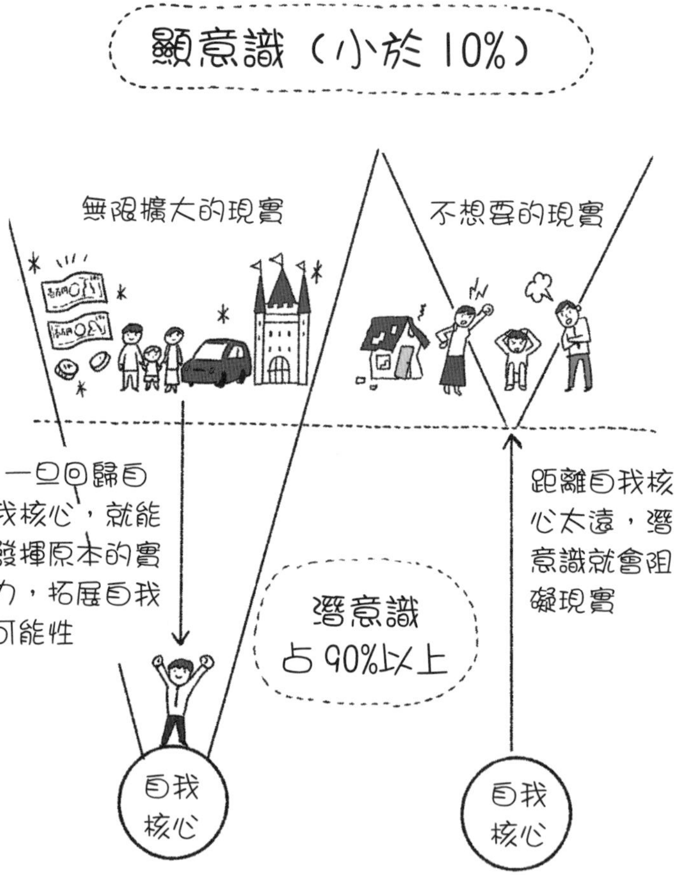

※圖 9「回歸自我核心（中心），現實就會改變。」

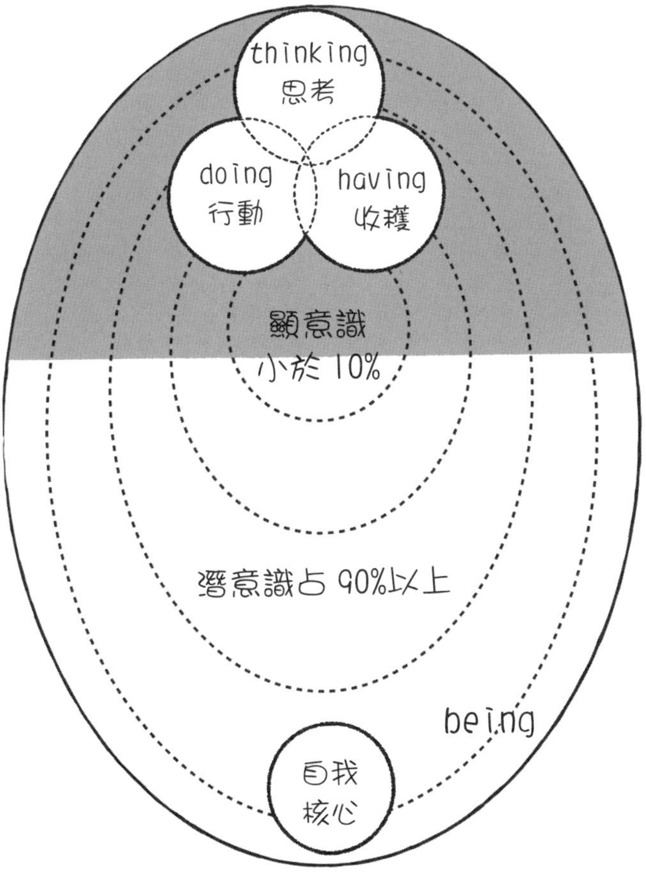

※圖 10「一旦心理成熟，個人存在領域就會擴大。」

越是成熟，越可以以真實樣貌生活

所謂「緩和自我認知，回歸自我中心」，也可以說是認同並接受真實自己及本我的過程。

前面說明了當我們回歸自己的中心，連帶地會擴大存在的領域，也能描繪出有自我風格的現實。

然而，有件事情我希望大家不要搞錯，那就是你現在的狀況，例如擁有的金錢、有沒有社會地位、工作或生活環境是處在怎樣的狀況下，都不會妨礙你回歸「本來的自我」。

越是心靈成熟、在現實生活中獲得成功的人，其實越是以真實的樣貌在生活。換句話說，就是因為以真實的樣貌生活，才能獲得成功。這是因為以真實樣貌去生活，是無人能仿效的本來力量。這件事情本身就很強大。

到目前為止，大家已經學到了情緒構造的相關知識。在下一個章節裡，我將要開始詳細說明本書的重點，也就是「壓抑的情緒」，以及找出「自我認知」的方法。

在此之前，我準備了一個我課堂上會用到的「情緒反饋作業」。請各位使用ＡＢＣ理論，試著以自己的方法解開今天一整天所產生的種種情緒。

情緒沒有好壞之分，只要將發生的事情，以及真實感受照實寫下來即可。不過，要特別注意自我認知，將其當作是一種提示。令人意外的是，長時間以來一直被訓練成必須要壓抑情緒的我們，其實並無法覺察自己的情緒。

如果可以，請每天重覆進行這項作業，直到自己能在憤怒、悲傷，或是湧現喜悅的當下就捕抓到這分情緒，清楚知道自己「現在正在生氣」「現在感到很悲傷」「現在真的好開心」。一開始可以在能放鬆的時候來進行，所以晚上會比較適合。

這是感受最真實的情緒，並將其化為意識的訓練，也是讓人生持續前進的４ｎｅｓｓ應對法則中，最重要的基礎。

✎ Work 2→回頭檢視情緒

回顧今天一整天感受到的情緒，試著使用 ABC 理論進行分析。

事件（A）	情緒（C）	認知（B）
影響你的事件	**當下的情緒**	**有什麼樣的想法？**
例：員工在重要的工作上犯了錯，所以怒聲教訓。	感覺很討厭。因為員工很失落，所以或許沒有什麼效果。	明明應該要把員工的成長擺在第一位，但主管＝威嚴的想法是否太過強烈了呢？

進行這個練習時，請依照 A→C→B 順序填寫。

4ness column ❷

錯誤的認知②

「人們常有的認知② 不擅於談論金錢」

人對於象徵欲望的金錢，容易培養出「扭曲的認知」。

有些人沒有辦法光明正大地談論報酬話題，結果導致總是獨自品嘗辛酸，他們對於金錢的認知可能是「錢很骯髒」「有錢人都很狡猾」「因為從事喜歡的工作，賺不到錢也沒關係」一類。

在此種認知背後，究竟壓抑了何種情緒呢？是不是拚命隱藏了「好羨慕那些擁有好多錢的人」這種情緒？

提供對等的價值是做生意的基本要件，如果諮詢者能感受到這一點，顧客自然會聚集過來，也能夠獲得第三者的認同。換句話說，無法聚集顧客，就等於無法獲得認同。是的，我們都和可怕的孤獨有最直接的連結。

亦即，不擅於談論金錢，是因為害怕自我否定。為了隱藏本心，就有可能創造出扭曲的認知。

在此有一個絕對不能忘記的重點，不光是做生意或金錢往來，只要是跟彼此的利益有關，若是做不到 50：50，就無法長期維持與人之間的關係。

事實上，許多煩惱於報酬的人，只是在為無法看透對價關係而苦。好比說將「工作的價值＝金額」誤認為「你的價值＝金錢」（自我認定），或是覺得「願意領廉價薪水的都是好人」，一旦心裡有了這類認知，就等於是失去了對價的概念。

金錢是參與各式各樣體驗的入場券，藉由獲得金錢，也能促成上班族的成長。想要擺脫為錢疲於奔命的人生，就必須要將「有錢人都很狡猾」的認知，改成「我也想要賺大錢」的認知，並單純承認這點，而且第一步就是要接受自己也可以變得富足。

更重要的是，還要認同你發揮了自己的實力，並賺取應得的報酬。只要找回根源認知，也就是「藉著喜歡的工作來賺錢，而且想要做一份很棒的工作」這種想法，你的所作所為一定會有所改變。

一旦認同「自己也有變得富足的價值」，在工作上必定會替自己選擇能夠維持良好關係的合作伙伴，而且也可以單純地談論金錢相關的話題。不可思議的是，這麼做之後，即使職場環境或工作內容並沒有改變，卻可以更輕鬆地做好事了。

第三章

尋找並承認壓抑的情緒

～Forgiveness～

兩個線索，覺察壓抑的情緒

在前一個章節中，說明了扭曲的認知（B）會投射出無法稱心如意的現實，因此造就壓抑的情緒。4ness應對法則——覺察、原諒、正念、合而為一，最大目的就是靠自己找出壓抑的情緒，「原諒」自己。

為了覺察壓抑的情緒，接下來的兩個要素是很重要的線索。

1／身體的反應

2／不想要（扭曲）的現實反覆發生

不管是什麼事件，若想著「好討厭喔」「痛苦」「不想看」，情緒涉及「壓抑的情緒」，此時就會出現「1／身體的反應」。

胸口一緊、感到快被壓垮，或是頭痛、肌肉僵硬等感覺，都是代表性的反應。這些感覺出現時，要拿出勇氣直視、分析那種感覺。

第二項的「不想要（扭曲）的現實狀況反覆發生」，也是重大的線索暗示。在工作上遇到「又發生錯誤」、與人往來時「又發生爭執」，都是其中之一。

或者是在產生結果之前，就覺察到「我又做了這種事」，卻沒辦法停下動作。

好比說明明知道不會有任何效果，還是忍不住怒斥員工；明知道會帶來痛苦的回憶，卻沒有辦法離開難以應付的人。這些行為正是「反覆發生不想要的現實狀況」。

若發現到這些線索，首先請試著做一下前一章節所提到的「回頭檢視情緒練習」（P88）。運用ABC理論，問問自己「為什麼會有這樣的感覺？」「是不是覺得非做不可？」冷靜分析自己的行為及情緒。

如此一來，應該就能覺察到「或許我是抱持著這樣的B吧？」找出「說不定就是這個認知」之後，接下來請思考一下「為什麼我會有這樣的認知呢？」

沉睡在內心深處的壓抑情緒，將在這個問題前現出原形。我們用前一章節所舉的「容易遭受欺騙的老闆」（P74）為例，一起來思考看看。

A：用口頭承諾的方式來訂定生意上的合約。
B：必須相信他人。
C：被信任的對像欺騙。

一開始「必須相信他人」的想法，與扭曲的認知（B）相符，相較之下應該比較容易找出來。因為這是一個假設，你只要抱著「是這樣嗎？」的態度來判斷即可。要將這個狀況導向壓抑的情緒，也只要詢問自己「為什麼我會有這樣的認知呢？」就可以了。

B　　　　：「必須相信他人」（扭曲的認知）
為什麼呢？　：「因為若是不信任他人，生意就做不成」（扭曲的認知）
為什麼呢？　：「因為如果不信任他人，自己也無法獲得認可」（扭曲的認知）
所以結果是？：「不信任他人的自己沒有價值」（根源的認知）

深入挖掘扭曲的認知到一定程度之後，總會找出所謂的「根源的認知」。基本上，根源的認知一定會以「我如果沒有〇〇就無法……」的形式呈現，也就是會伴隨有附加條件的存在價值。

只要將其挖掘出來，應該就能明確發現壓抑的情緒。壓抑的情緒無論大或小，都一定是由令人震驚的事件或挫折等所造成，並被我們深壓在心底深處。請試著回想一下想得到的事。

以這位男老闆的情況來說，他藉由壓抑了「不信任自己的母親，因為她把父親以外的男人照片給我看」的情緒，以愛著母親並得到母親的愛。

因此面對這種情況，只要「接受」「不信任母親」這個壓抑的情緒就可以了。光是在心裡想著「啊啊，這樣的媽媽真叫人無法信賴啊」，就會產生出「接受」。

如此一來，就會了解到「所以我才會有必須相信朋友的想法啊」，然後就可以將B改寫成「世界上有些人無法讓人信任，這是很正常的」「即使世界上有些人無法讓人信任，也不會讓自己失去價值」。

「說不定……？」疑惑就是覺察潛意識情緒的關鍵

每個人所抱持的自我認知，並非都是同一種類型，這是最大的前提。而且，一次挖出許多不見得就是好事，**從自己可以處理的認知開始，一個一個挖下去，自然能產生覺察的連鎖效應。**

另外，「該不會是這個吧……？」的自我認知只有在很明顯的狀態下才會被注意到。發現到一個「就是這個吧……？」之後，一般來說又會發現到「這個也是」「那個也是」等各式各樣的認知。

一個一個的認知，唯有在感覺到「就是因為有這樣的認知，自己才會那麼痛苦吧？」時，才能接受這分覺察。

可是，正是「是這個吧……？」的假設才有力量。「假設自己抱有這種認知，那麼自己為什麼會這麼想呢？」這個問題就是關鍵，會成為覺察到自己未曾注意到的情緒。

只不過，在尋找壓抑的情緒以及認知的時候，有幾個應該要事先注意的重點。

意識壓抑情緒的過程，有兩個阻礙

1. 幼兒決定

意識到壓抑情緒的過程中，有兩個阻礙會讓其窒礙難行。其中之一就是「幼兒決定」。

造就人的信條及既有觀念的自我認知，一般多是在五到七歲的時候形成。由於幼兒時期對世界還一無所知，成長的環境很狹隘，然而此時期所培養的認知，有許多人在長大成人之後仍舊持續使用。

舉一個簡單的例子如下：

小時候的事件：只要一哭，父親就會大發雷霆。

幼兒決定的認知：男孩子不可以哭（不可以情緒化）。
長大成人後的投射：無法坦率告知別人自己的心情，讓妻子、女兒感到害怕。

小時候的事件：父母老是吵架。
幼兒決定的認知：夫妻關係不好（結婚什麼的真是無聊透頂）。
長大成人後的投射：即使想結婚，也總會在爭吵中破局。

幼兒決定的認知，是經年累月養成習慣的既有觀念，無法輕易意識到，這種認知就像反射神經，面對事件時瞬間就會浮現。

在其最深處，一定隱藏著「想要對父親撒嬌」「想要跟相親相愛的父母幸福地生活」之類的「壓抑情緒」。

接下來我將介紹一個案例。請各位將接下來的故事主角替換成自己，試著想像一下。

你是一個七歲的小孩，從小就在充滿愛的環境下長大，每年都會過聖誕節，並期待聖誕老公公所給的禮物。

今年聖誕節，你有一個不論如何都想要的東西，因此有生以來第一次，你試著寫了一封信，告訴聖誕老人「我想要○○」，並在枕頭旁掛上大大的襪子，然後帶著興奮的心情入睡。

然而到了隔天早上，你並沒有收到禮物。鄰居家的小孩及朋友明明都收到了禮物，卻只有你沒有收到。你受到劇烈衝擊後，想必會拚命思考「為什麼」吧？

是因為沒有好好聽媽媽的話嗎？還是因為沒有整理房間呢？

事實上，當時你的父親被公司裁員了，壓根沒有心情過聖誕節。「聖誕老人的真實身分就是父親」，但溫柔的父母怎麼樣都無法據實以告。

那時候，如果你抱持著「就是因為我寫了信，所以才沒有收到禮物」的認知，那麼將來你會變得如何呢？

恐怕你會變成一個對於真正想要的東西無法說出「我想要」的大人。一旦將沒有收到禮物這件事，解讀成「因為我說了自己想要才導致的」，原本「想要」的坦率想法，就會成為壓抑的情緒，並且形成「不應該把想要的東西說出口」這種扭曲的自我認知。

如此一來，你就變成了一個下意識對情緒踩煞車的大人，無論是對想要的東西或想做的事情都會有這種認知。

幼兒決定的認知，以及因此衍生的壓抑情緒，會像這樣在自己心底深深扎根，並在無意識中控制我們的人生。

②深刻的懊悔及自我防衛

妨礙壓抑情緒意識化的第二個阻礙，就是深刻的懊悔以及自我防衛。人在幼兒時期所建立的認知，直到長大後仍舊繼續使用，先不論這對社會來說是否有益，但對該人的人生來說，卻是有效的認知（B）。

前面所提及「不應該把想要的東西說出口」的B也是如此，在本人的成長過程中，應該也有可能會產生「或許多表達一點自己的需求會比較好？」這類糾結。

比方說，看到別人坦率說出「我想要」，結果就獲得想要的東西這類經驗，就是將認知改寫成「或許把想要的東西說出口會比較好」的好機會。

可惜的是，主角本人在看到那個人時，應該會反射性地認為「把想要的東西直接說出來，還真是厚臉皮！」

為什麼呢？因為他在心底壓抑著「把想要的東西說出口是得不到的」這種壓抑情緒。造成「不應該把想要的東西說出口」這個結果的扭曲的認知，會湧現「別人把想要的東西直接說出來，真是厚臉皮」的想法，而且也會產生出「無法說出自己想要什麼」的結果。

亦即，只要無法透過深層的內觀或累積成功體驗之類的方式，意識本人扭曲的認知或壓抑的情緒，就沒辦法順利改寫。因為**本人已經在無意識中，持續緊緊抓住使用這個認知所帶來的好處**。

比方說前述的狀況，預先想說自己「得不到」，就有能夠避免自己受到傷害的好處。比起得到真正想要的東西，最有益的反而是得不到也不會受傷害。無法得到想要的東西時，也就是受傷當下的「壓抑情緒」，會像這樣用扭曲的方式啟動自我防衛機制。這就是我在第一章說明的「無法接受幸福的受害者」。

那麼，在此我將介紹一個很容易理解的案例。有一個總是在工作中犯同樣錯誤的人，藉由所懷抱的壓抑情緒來做說明。

3 「回神後，才發現自己總是重蹈覆轍」

▼其實是因為自己「並不想成功」

本應該要注意到那些小事，卻又犯下了同樣的錯誤；都已經學過應對方式了，一留神才發現自己又回到錯誤的模式。若這種事情反覆發生，任誰都會自責，認為自己「真的做不到」，並且信心全失。

即使不斷責備對方，結果也不會有任何改變。遇到這種情況時，請試著翻轉思考方式看看。把「無法成功」想成是「不想要成功」會如何呢？如果成功了，就會發生不好的事情，找看看是不是心中藏有類似像這樣的壓抑情緒。

例如，在競爭激烈的競賽中，有人總是無法進一步做出選擇，這些人會透過在競賽中做選擇而感受到以下的壓力：

・一定要讓這個計劃成功。
・沒有能力將團隊所有人凝聚在一起。
・之後也沒有持續推出好企劃的自信。
・說不定會引起他人的妒忌。

像這樣，人在重複做出同樣的錯誤時，有可能會對沒有經驗過的未來感到害怕。再進一步就會成功了，卻感受到潛在的恐懼，並因此選擇放棄，這真是教人感到不可思議。這應該是……害怕無法好好整合過去的自己與獲得成功後嶄新的自己吧。

這個人本來是真的很想要成功，卻缺乏自信，因而在心底壓抑著「想要成功」的情緒，甘心地想著「自己做到這個程度就可以了」。之所以會造成「無從選擇」，說是過去的自己所帶來的報應也不為過。

為了減輕挑戰失敗時心裡所承受的傷痛，人們多會指責成功者。

想要成功、發自內心感到羨慕的壓抑情緒，造就了「成功者都是些骯髒的傢伙」之類的扭曲B，結果就對自己做出「不成功也沒關係」的錯誤評斷。

也就是說，抱持著類似煩惱的人，只是在扮演無法開始自己人生的「旁觀者」罷了。

情緒波動是自然反應

運用ＡＢＣ理論意識到自我認知及壓抑情緒的過程中，常會產生「要是能夠早一點知道，人生就會大不同了……」之類的後悔心情。

那是因為，因覺察而產生的後悔（情緒波動），對本人來說很可怕。只要了解到長年持續使用的認知Ｂ，是阻礙人生向前邁進的主因，並接受這件事，就會確切感覺到自己已經回不到過去。

若要用更為簡單的方式來描述這種情緒波動，大概就像以下這樣：

「我明明為了自己想要的東西一直在努力，別人卻說我實際上是認為『得不到也沒關係』什麼的，真不可置信，騙人啊！」

「我明明拚了命努力要相信他人，別人卻說我實際上是『不信任他人』什麼的，我

「才不想承認呢，太討厭了。」

大部分參加4ness應對法則課程的學員都曾有過這類恐懼或否定的情緒，這是非常自然的反應。有這樣的情緒反應是理所當然。

事實上，在恐懼的情緒中也存有認知。運用ABC理論繼續往深處挖掘，問問自己為什麼會感到恐懼，只要找出更深層的認知，就能覺察得更為深入。在那裡頭，或許可以找出「應該沒錯，絕對是正確的」這種「應該」形式的認知。**你有可能會因覺察自己過往的選擇及決定是錯的，而感到害怕**。

然而，人生的選擇及決定都是連續的。過去做出各式各樣的選擇時，你想必是對當下的自己做出了最好的決定。

為什麼能如此斷定呢？因為我們只會做對自己有利的選擇。

一旦了解這個心理機制，就會知道心裡想著「那時候如果選了那條路……」並因此感到後悔不已，其實一點意義也沒有。更有甚者，要是自己的心被這些過往的事情所占據，未來的所有努力都將會更加徒勞無功。

那麼，接下來我將針對這個機制做說明。

讓人痛苦的「情緒雙重標準」與ＡＢＣＤＥ理論

即使是意識層面感到非常討厭的事情，在潛意識裡，我們還是會選擇對自己有利的選項。

因為「想做」而去做的事情，以及因為覺得「做不到」而停下腳步的事情，其實本質上都是「想做」。也就是說，其實過去「沒做的事情」，如今已演變成「不想做」。

無論是選擇正面的，或是選擇負面的，都是當下的自己覺得對自己最有利的選擇。

因此我才會說，對於過去感到後悔是沒有意義的。

在此特別介紹一個解決這種心理糾葛的理論。

第一章中我們介紹了ＡＢＣ理論，提出這個理論的阿爾伯特・艾利斯博士，更進一步思考得到「ＡＢＣＤＥ理論」。所謂的ＡＢＣＤＥ，指的是在ＡＢＣ後面增加ＤＥ：

A：Activating event（事件）

B：Belief（信念、信條、既有觀念、認知方式）

C：Consequence（結果、情緒）

D：Dispute（反駁）

E：Effects（期望的結果）

ABC三個階段，一般稱為「一級情緒」，實際上就是當下的反應，進行的速度相當快。真正讓人感到痛苦的，是隨著結果（C）後面產生的「二級情緒」，情緒會讓自己十分自責。這是因為此時我們都會對自己進行審判。

那麼，就一起來看看實際的例子吧。

有一位男性業務員在公司犯下了可能會遭到去職的重大錯誤，讓我們用ABC理論來試著呈現。

A：在公司犯下重大錯誤。

B：因為給同事造成相當大的困擾，所以肯定是犯錯了。

C：沒有臉面對大家，只能辭職。

在這種情況下，如果他直接採取C的行動，那麼他恐怕會無法再去公司上班。當然他本人一定很懊惱，但若連續幾天沒去公司上班，將會開始冒出「身為一個大人，一犯錯就不去公司，到底想怎樣？」之類的責難。「事到如今還有什麼臉去上班？」「怎麼拖拖拉拉的，又不是小孩子！」自己會像這樣不斷自我抨擊，感到痛苦不堪。

事實上，**比起一級情緒，二級情緒反而比較容易改寫**。

接下來讓我們一起將這個案例中的二級情緒，從自我批判改寫成能發揮良好成效的說法。要運用的就是ABCDE理論中的D（反駁、建議），以及E（期望的結果）。

對於犯下錯誤的員工來說，打從心底認為「要是能這樣就好了！」這種自我期待的結果（E），究竟是什麼呢？我們可以透過以下例子來感受一下。

E（期待的結果）：如果可以從這次的挫折中走出來，讓這件事情帶給我力量，並藉此強化團隊間的合作，那就太好了。

那麼，為了要導向E，是不是只要反駁已然產生的結果與情緒（C）就可以了呢？思考D的時候，只要試著想想自己遇到犯下同樣錯誤的人時，會如何安慰對方，如此一來就很容易可以導出答案。

D（反駁）：任何人都可能會犯下一、兩次的錯誤啊，不需要太在意。

請試著想像自己在和具有相同煩惱的好友深談的情景。面對最重要的好朋友，一句「一、兩次的挫折不需要太在意」，應該就會是效果最好且效率最高的安慰話語。

然而，你能夠非常坦然地接受這樣的建言嗎？當然，身而為人誰都會犯錯，但是主角換成是自己的時候，將無法輕易接受「任誰都會犯錯」這句話。平常雖然可以給別人建議，但輪到自己發生問題時，就會突然變得不受用。

這就叫做**「情緒的雙重標準」**。腦袋裡明明很清楚，卻怎麼樣也做不到，這種狀況大家應該很熟悉。

當思緒穿梭在過去的事件中，懊悔著「如果當時那樣做就好了」，這就等於是否定了當時決定「不想做、做不到」的自己。因此，為過去的事情感到懊悔根本沒有意義。

那麼，為什麼在那個當下自己會認為「做不到、不想做」呢？與其懊悔過往，倒不如運用ＡＢＣ理論進行分析還比較有建設性。

以前述業務員的例子來說，不過就是犯了一次錯，為什麼他會如此在意呢？在此只要以ＡＢＣ理論來分析這個問題，試著改寫Ｂ就可以了。這麼一來，身而為人的成熟度自然會向上提升，挫折也會轉化成個人成長的契機。

接下來我將介紹一個實際的案例，以幫助大家掌握ＡＢＣＤＥ理論的運用方式，同時挖掘出該業務員「為什麼做不到」的原因。

4 「壓力過勞會讓人失去動力」

▼使用ＡＢＣＤＥ理論探索煩惱的根源

失去動力的其中一個原因，正是「疲倦」。過度疲倦的時候，我們沒有辦法做出全方位的判斷。擁有類似煩惱的人，首要之務是消除疲勞。

或許你每天都感到「整個人懶洋洋的」「不管睡多久都覺得睡不夠」，事實上，那是覺察到疲累的自律神經正常運作的訊號。

另外，也有可能是對於「無法積極行事」的自己失去了信心。不過，這裡所指的並不是自己本來就沒有積極的態度，而是因為太過疲倦才拿不出熱情。

事實上，自己只是「過度疲倦」，「失去熱情的自己很沒用」不過是自己擅自的解讀，必須先將這樣的想法切割開來。若有人說：「就算這麼跟我說，也沒辦法休息啊！」請先確認一下自己是不是有「休息=怠惰」這種扭曲的認知。

而且更重要的是，要對造成疲倦的壓力進行驗證。就壓力來說，面對應該要解決的問題時，你是否會感受到壓力呢？說不定你只是對事件很敏感，自己擅自做出了不好的解釋。

在這種情況下，ABCDE理論將能幫你一把。如果朋友跟你有相同煩惱，並且來找你商量，你會給對方什麼樣的建議？

「休息一天不會有什麼問題的。」「會不會是你想太多了呢？」這類建議應該是最有效的。

明明知道應該要如何應對，卻「做不到」，這是為什麼呢？基本上，你無法放心休息的真正理由之中，就隱藏著自我的認知。

擁有類似煩惱的人，若想要澈底消除慢性疲勞，最有效的方法就是緩解引發疲勞的認知（B）。說不定你就是給了自己沒有價值的評價，或是在工作上抱持著扭曲的認知。

無論如何，請先試著讓自己「休息一下」吧。放鬆休息的時候，也別忘了試著觀察自己的心靈狀態。說不定只要這麼做，就能解決問題。

潛意識中隱藏的好處

前面曾提過，即使我們在意識層面覺得討厭，在潛意識中，仍會選擇對自己有好處的選項。

「得不到幸福」也一樣，好處就在於，可以避免得不到幸福所帶來的傷害。

比方說經常有人會一邊說著「好想辭掉工作」，卻遲遲沒辭職，還持續工作多年。這是因為根據本人的潛意識判斷，比起辭掉工作，繼續上班會比較有好處。

在這樣的例子中，或許隱藏了如下的好處：

「辭職之後沒有信心能找到新工作（所以不行動比較輕鬆）。」

「沒有實力能夠在換工作時爭取到跟現在相同的薪資待遇（所以就好好待在現在的公司吧）。」

因為這個人在心底感覺到這樣的好處，所以儘管持續抱怨公司，卻有可能會長期待在同一間公司。

不滿與不安的差異──承認不安就能緩和認知

即使有意識地抱持著「不滿」，現實情況也不會有任何改變。心中滿是煩惱的人，大多會陷入負面思考的漩渦中無法自拔。

我們假設前面提到「無法向公司提出辭呈」的人是A先生。A先生每天都口吐不滿，這可能是因為擔心辭職後找不到新工作，所以對自己懷有「不安」的情緒。然而，**在那種「不安」中，其實隱藏著能打破現狀的希望**。

現代人經常會有不斷抱怨公司的「不滿」，以及辭職後可能會找不到工作的「不安」。這兩者有本質上的差異。

「不滿」的著眼點在當下，而「不安」則是聯想到未來。進行挑戰時，無論是誰都會「不安」，這非常自然。

A先生之所以會不斷對不想繼續待下去的公司吐露出諸多「不滿」，原因就在於他沒有坦然面對心中的「不安」。

不安並不一定是不好的情緒，但如果沒辦法覺察自己有「雖然心有不滿，但比起去看未來，倒不如留在原處比較好」的想法，那麼可能就會產生「我會如此不幸，都是這家公司害的」之類的錯誤認知，並為自己帶來痛苦。這就是「不滿」所引發的負面思考漩渦。

換句話說，這是一個人的相撲比賽，不僅是自己造成的，而且還只會獨自煩惱、獨自痛苦。人生有限，這麼做實在太浪費時間了。

如果A先生想讓自己過得開心一點，該怎麼做呢？答案其實很簡單。

只要找出引發「不安」的壓抑情緒以及認知，並接受「不安」的情緒即可。如此一來，認知很快就會開始緩和下來。

◆◆◇◆◆

不安時還可以鎮定以對，反而能夠獲得信賴

為什麼光是接受「不安」的情緒，就可以緩和認知，讓現實變輕鬆呢？

面對沒有經驗過的事情、不知道自己能不能辦到的事情時，要踏出第一步的確很可怕。對所有人來說，這都是非常自然的情緒。前面提到的A先生，強行壓抑了這種情緒，結果反而讓自己陷入「不滿」的負面思考漩渦中。

在此我希望大家試著想像一下。直視自己的「不安」情緒，以及被別人看穿自己的不安，真的有那麼可怕嗎？

因為高居上位，便將自己不安及恐懼的心理壓抑、封存起來，並因此對員工嚴格異常，這樣的經營者或主管可以說隨處可見。然而，面對這類型主管時，員工們應該會有以下想法：

「不可以在這個人面前抱怨發牢騷。」
「不能笨拙地向他求助或徵詢建議。」
「都不知道他在想什麼，所以讓人格外在意。」

根據我接觸過許多經營者以及商業人士的經驗，主管可以在害怕的時候說害怕、不安的時候說不安，比較能受到員工的愛戴。

這樣的主管會坦率面對自己的想法，仔細處理情緒的波動，所以也能夠覺察到自己的「不安」。他率直說出自己「相當不安」的時候，對員工來說，等於也是得到了許可，知道自己可以「坦率表達出想法」。

如此一來，員工在面對主管時，心情會大為轉變，不需要耗費心力去猜忌懷疑，因而可以將精神集中在應該要努力的工作上，當然也就能交出很好的成果。

詳細內容我會在第4章做介紹，不過在此我想強調的是，良好的人際關係或組織，必須能在「正面」及「負面」間取得平衡。若公司的社長或經營者偏向某一方，員工們的溝通模式肯定也會偏向那一方，那麼問題就會接踵而來。

當然，如果主管每天都嚷嚷著「真不安啊」，傳達出太多負面想法，員工也會有不信任感。**把所有情緒全都化為「行動」表現出來，其實是一種「幼稚」的行為**。所以重點不在於要不要展露情緒，而是「能不能覺察並接受自己不安的情緒」。

老實說，就算本人沒有覺察自我的認知，周遭人也能看穿。

比方說，我們偶而會遇到有些女性心裡的自我認知是：「明明很想結婚卻結不成，明明很想交男朋友卻交不到，這樣的我沒有一點價值」，但自己卻不承認這一點，還頑強地展現出「我就是這麼幸福！」的姿態。

建議她：「要不要談個戀愛試試？」她也會在表面上逞強，「才不需要男人呢」。另一方面，看看她在社群網路平台的發言，會發現她每天都在自拍，或是演出引人注意的獨角戲。

其他人之所以會感覺到那是一種「表演」或是「虛張聲勢」，是因為從她的言行中，可以隱約感受到真正的認知。

那麼，對於想要辭掉工作卻遲遲未行動，一邊固守崗位一邊抱怨不滿的A先生，周遭的同事又怎麼想呢？

「再聽他這麼抱怨下去，連我的心情都會變不好。」

「其實是因為他很害怕沒辦法順利轉換跑道吧……」
「他應該對自己很沒有信心吧，虧他資歷深，真可悲。」

不管A先生怎麼用心隱藏，他人還是能夠看穿他的B。長此以往，周遭的人們對A先生的不信任感會逐漸高漲，這又會反過來影響他的現況，導致他對職場更多的「不滿」。

那麼，如果A先生承認自己「雖然很想要轉換跑道，卻感到相當不安」的情緒，並對周遭的人坦誠以對，結果會如何呢？我想，這麼一來周遭同事看A先生的眼神應該就會改變。

「是喔，原來A先生心裡也感到很不安啊，跟我一樣呢。」
「但是，A先生資歷豐富，而且擁有很多優點不是嗎？」
「別的公司如果有在徵人，就去轉告A先生吧。」

如何？自己承認並接受了不安的情緒，然後坦率讓其他人知道自己的想法，如此一來不僅自己會變得更堅強，旁人的反應也一定會為之一變。

更重要的是，把話說出口的時候，應該就能感覺到自己心裡的不安已經慢慢變小了吧。那就是你接受了壓抑的情緒，並讓現況產生變化的瞬間。感受到這種變化的好處時，就會了解到「其實覺得不安也沒什麼大不了」，連帶地就能讓認知緩和下來。

那麼，在此我來介紹一個同樣是「想辭掉工作卻遲遲無法行動」的學員例子。

5 「一直想辭職卻辭不了」

▼覺察到自己其實並不是真的想辭職

過去我有一個客戶很討厭自己的主管妨礙她的工作表現，因而一直嚷嚷說想辭職，可是卻一路撐了十年。「沒有辭職（做不到）」是因為「不想辭職（不想做）」。有類似煩惱的人，可能是因為潛意識判斷出繼續留在公司比較好。

她之所以沒有真的辭掉工作，是因為雖然與主管的相處讓她感到頭痛，但跟同事們之間的關係卻很好。再加上工作內容似乎也是她喜歡的，因此能夠樂在工作。

諮詢過後，她覺察到自己的真正想法是「不要辭掉工作比較好」，所以便不再提及「想要辭掉工作」之類的話題。

她覺察並將之進行轉換改寫的認知，就是讓她感到困擾的主管所帶給她的。以前被「好討厭主管」的情緒困住，導致想要辭掉本來很喜歡的工作。

然而，一旦接受了「喜歡這份工作，想要待在這間公司」這個壓抑的情緒，自然會想著「如果討厭主管，就努力超越他吧」。

她的認知從「棒打出頭鳥→所以表現受到壓抑」，轉換改寫成「棒打出頭鳥→不是出頭鳥還不會被打呢」，後來她在工作上就有了出色的表現。現在的她，以一個優秀主管的身分活躍在職場，並且很懂得體諒員工的心情。

找出「壓抑的情緒」並命名

面對壓抑的情緒時，往往一開始自己也不曉得那是什麼，只覺得「心裡總是有個疙瘩」。

然而，運用ABC理論挖掘出扭曲的認知之後，透過被喚醒的認知，尋找壓抑的情緒，就可以首度為這個心裡的疙瘩「命名」。「啊啊，原來是悲傷啊」「是喔，原來是很想要愛對方啊」。

事實上，「接受」的瞬間，一切就開始運轉。**在找到壓抑情緒的當下，就立刻安慰自己，效果是最好的**。「原來是這麼回事啊」「真是辛苦了呢」，即使只是這樣已經足夠。

如此一來，現況就會開始一點一滴產生變化。雖然不會有類似打雷閃電的巨大衝擊，或是馬上發生戲劇性事件，但是「覺察」以及「接受」所帶來的好處，一定會展現在往後的現實生活中。

那是因為**覺察到「原來是這麼回事」的瞬間，束縛住你的認知就已經開始緩和**。這就是4ness應對法則送給你的禮物。

一旦能夠意識並緩和認知，問題的行動方案選項就會增加，也能用客觀的角度來看待自我。當同樣的問題再次發生，就可以選擇要不要改變自己的行為，甚至可以選擇只改變一點點。

即使在那個當下選擇了「不改變」，也同樣能得到禮物。因為你將會覺悟到「那是我自己的選擇」。意識到認知而採取行動，跟沒有覺察到認知，單單只是被事件牽著鼻子走的情況，可說是天差地遠。

被「壓抑的情緒」所控制的自己，無論是被受害者、加害者還是旁觀者，都能在當下獲得解放。

那是為自己而活的一股力量。

在為壓抑的情緒命名時，或許會有「不，那是不可能的事」之類的反抗心理。之所以害怕覺察，是因為擔心自己沒有辦法回到覺察前的狀況。這就好像得知某些事情之後，將無法回到之前的狀態。

事實上，我的學員中也常有這種情況。好比說，「一直以來我都強忍著一切，始終努力付出，現在才說『只想要任性一下』什麼的，我無法接受啊！」之類的。

特別是年紀越大，反抗心理就越強。因為使用了扭曲的認知，感覺自己度過的這幾十年歲月，似乎全都遭到了否定。

但是在接受壓抑的情緒，並找回本我的過程中，那種悔恨的感覺也會化成幸福的種子。我們常說：「人生每一件事都有意義。」自己若能找回生存的力量，對於這句話的真正含意應該就能瞬間了然於胸。

當然，如果遇到了怎麼樣也無法接受的情緒也有一個選項是，只要再次蓋上蓋子就可以。若是因為浮現強烈的反抗心理，攪亂了自己的判斷能力，那就試著去探尋反抗心理的情緒所衍生的認知，這也不失為一個好方法。

同時，在檢視自己內心世界的時候，也沒必要勉強自己。若浮現出「我不想看見」之類的情緒，也可以以這種感覺為主。

只是有一點要特別注意，那就是若浮現出「不曉得」「好麻煩」「沒有信心」等情緒，就是有重要暗示藏在裡頭的證明。

其實有一個最適當的時機點，可以讓你緩和並改寫自我的認知。不管同時間覺察到了多少事物，都可以告訴自己「不知道」以停止思考。這也是「不用勉強自己去看也沒關係」的一種自我心理防衛機制。

覺察的深度會與精神上的成熟度成正比。返回自我核心的過程，就像是撥下玉米一層層的外殼。

只要今天能夠好好處理自己所能面對的覺察部分，那麼遲早一定會再次有所覺察。如此一來，自己就能夠越來越接近「原本的自我」。

如果你已經好好為壓抑的情緒命名，那就請跟自己說一聲「幹得好！」給一直以來努力不懈的自己一個鼓勵吧！你到目前為止都很努力，即使不懂也拚盡了全力，只為讓自己的人生過得更好，這是無庸置疑的事實。

不用「批判」情緒

認真面對壓抑的情緒，認同並接受。

4nes s應對法則的第二個關鍵字「原諒～Forgiveness～」為我們帶來的好處，大家應該多少能理解吧。

重點在於不要對自己所產生的情緒做出「好或不好」之類的判斷。在這個世界上，絕對沒有什麼情緒是不能夠有的。因為情緒是為了守護自己而觸發的本能反應，再沒有比情緒更正確的訊號了。

本章節的最後，我特別準備了「反駁主觀臆斷的練習」，讓大家練習接受不安的自己。

即使腦袋理解卻怎樣也沒辦法採取行動的事情，請務必一定要寫下來。因為在那裡頭，想必隱藏著你大為「接受」的認知，以及壓抑的情緒。

✎Work 3→反駁主觀臆斷的練習

針對今天感受到情緒的事件，或是常讓你感到煩惱的事情、問題，使用 ABCDE 理論來試著提出反駁吧。

事件（A）	情緒（C）	認知（B）	期待的結果（E）	反駁・建議（D）
例：員工不斷犯下基本的錯誤。	引發煩躁的情緒，不想跟員工一起工作。	因為是專業人士，不犯錯是理所當然的。	員工的工作表現超乎了你的期待，連帶提升了你的評價。	如果員工有不懂的地方，從頭開始仔細教起就好。

4ness column ❸

消除自卑的簡單方法

「我對自己的小眼睛感到非常自卑。」

生活中常會有人這麼説，但其實大多數並非真有什麼自卑感。

人的陰暗面，在被揭露的當下，就不再是黑暗面了。也就是説，要消除自卑感，只要把你覺得「沒有辦法對任何人説出口」「感到非常羞恥」的事情，説出來即可。

有些男人會拘泥於「男人就應該要像這樣」的想法，但事實上就連這樣的男人也隱藏著沒有男子漢氣概、偏向女性化的部分。事實上，就有這類男性來參加我的講座。

講座上，我請他勇敢説出「我是個具有女性化傾向的男人」這句話，但他顯得萬分躊躇。看到他的模樣，我便明顯感覺到他隱藏在暗處的自我認知。然而最後他還是鼓起了勇氣，在所有講座學員面前説出「我是個具有女性化傾向的男人」。

那之後過了約兩週，他來向我坦白一切。他説自己説出內心話的那個晚上，心裡一直悶悶不樂、完全找不到舒緩肩膀痠痛的方法。身心其實是連動的，是表裡一體的。

在此介紹一個相同的案例。這是一個男性業務員的故事。他不擅於聊天對話，所以認為自己的銷售成績恐怕難以提升。

雖然他從事業務工作，卻患有口吃。他心裡的想法是「我有口吃，所以沒辦法好好與人交談」，因此銷售成績跟他所預料的一樣，始終不見成長，煩惱也一直如影隨形。

當時我建議他先對顧客説明「我有口吃，所以聽我説話可能會有些吃力」，傳達出對方會關心的要素，並在聊天的過程中誘使對方多説一些話。這個作戰方式就是透過自我揭露自卑之處，來強化「傾聽」的角色設定。

結果，他的成交件數慢慢提升了。更重要的是，因為他坦白傳達出自己為口吃感到煩惱的心情，反而從顧客那邊得到「很誠實」的好評價。

他建立起自信後，不再視自己的口吃為障礙，轉介給他的顧客也越來越多，一回神才發現自己的業績已經變成第一名。

業務銷售的工作，重點其實在於傾聽對方的心聲。比起話術表達，練習傾聽對方反而更能得到效果。因為不擅於聊天對話而煩惱不已的業務員們，其實只是對於業務工作抱持了「必須要很會聊天」這種有些扭曲的認知罷了。

第四章

正視及接受的勇氣

～Mindfulness～

「面對」的力量——看清事實，勇敢接受

探尋壓抑情緒的旅程中，人們最害怕什麼呢？

答案是面對自己真正的現實面，這跟大家所想的有些不一樣。

身為公司老闆，為了作為重要員工的典範，堅持貫徹自己鋼鐵般的意志，然而不知道為什麼員工卻接二連三地請辭；為了深愛的女友，好不容易努力提升自己的收入，沒想到卻因個性不合而被拋棄……。

覺察的瞬間，其實多少有些令人感到悲哀，因為我們將覺察到已經無法再使用長年累月以來非常熟悉的認知。

然而，如果覺得至今為止一切順利，不喜歡現在才要改變，那就沒有必要勉強改變行動。

只要拿出勇氣覺察壓抑的情緒，就可以讓你窺見「原本的自我」。在那個當下的選擇或決定，自然就會變成是「自己」的意志。

要不要改變行動都可以。獲得4ness的禮物有個秘訣，就是「面對的勇氣」。

從小，我們就不斷練習不要對情緒產生反應，長期累積下來，我們很容易會被「應該要如此」「這才是正確的」之類的價值觀或資訊所控制，即使心裡想著「這才是現實情況」，但事實上仍是透過「應該要如此」的濾鏡來看一切。

所謂的面對，就是原原本本、清清楚楚看見事實。在第四章中，我將透過豐富的事例交流，來解說養成面對事實的能力所需的智慧及技巧。

「煩惱」及「思考」的差別

我們常會碰到一個事件引發許多認知觀點，並讓我們苦惱著不知該如何選擇。這說好聽是心軟，說難聽就是優柔寡斷。

但是，請記住，「煩惱」和「思考」不一樣。

「煩惱」會延遲行動，因為自己並不是「無法決定」，而是「不想做決定」。

另一方面，「思考」則是為了下決定所做的考量，行動會與決定直接產生連結。那麼，總是猶豫不決、煩惱個不停的人，到底是出了什麼問題呢？讓我們來看看自我認知。

不斷重複的現實：總是在煩惱。

自我認知：不想做決定。只要下了決定就必須扛起責任。

若根據這樣的假設，那麼創造出此種認知的根源認知，究竟是什麼呢？那就是「不負責任」「沒有負責價值」的認知。

總而言之就是自己選擇了「不想做決定」。這個人只是選擇了「煩惱」，決定要「延遲行動」而已。

事實上，即使煩惱，也必須對延遲行動的決定負責。這麼一來，你會怎麼選擇呢？

思考：自己下決定後所產生的責任。
煩惱：不做反應而產生的責任。

在我的講座中，我總是告訴大家哪一個選擇都可以。如果自覺「應該該要優先延遲行動」，那也沒有關係。不過我也會讓大家知道，經過思考之後所做的決定，無論得到什麼樣的結果都無須執著，要輕鬆以對。

大家或許對「不執著」有被動的印象，但其實這也代表著「看清現實」的意思。也就是說，自己思考過後所做出的決定，也是「面對」現實的一種力量。

釐清事實與解釋，從「心靈」和「形式」著手

在此稍微提一下關於「思考」的小訣竅。那就是「分清楚事實與解釋」。比方說像下述的作法：

「考試落榜，因為沒有辦法重考，只能選擇放棄夢想。」

在這個例子中，事實是「考試落榜」，而「因為沒有辦法重考，只能選擇放棄夢想」則是解釋。

雖然必須接受「考試落榜」這個事實，但在放棄夢想之前，必須先仔細思考一下解釋是「真的還假的」。

有時我們會將事件的解釋與事實混為一談。

思考時，釐清事實與解釋，也是我們面對現實時的重要秘訣。

在孕育出武士道文化的日本，有一種誘導方式可以透過調整言行（即形式），同時調整心靈。

4ness就是發自內心的一種從心靈著手的誘導方式。無法接受某些現實，或是思來想去都難以下決定時，藉由「形式」來幫助自己下決心，也是一個好方法。

不需要馬上實踐較困難的形式。想要改寫個人認知的時候，常會跑出好幾個像是「說不定這個方法比較好吧？」之類的解決方案

在此之中，挑選現實中風險最小的方案，一點一點慢慢嘗試，若能累積成功體驗，就能在覺察時改寫認知。「心裡若有什麼想要的東西，就先主動給予他人」，就某種意義來說，這也可以說是從「形式」而來的方法。

除了在腦袋裡不斷思考，若能同時進行形式上的方法，就會產生覺察的連鎖效應，加速成熟。

◆◆◇◆◆

從可以改變的事情著手

越是無法改變的事物，越是會強烈地「想改變」；可以改變的事物又不想動手解決。人們似乎都有這樣的傾向。

事實上，漫長的人生中，的確存在著可以改變的事物，以及無法改變的事物。好比說我們的長相，或是在怎樣的生長環境下長大，像這種與生俱來的事情無論拿不拿手，即使掙扎著「想要做點什麼」、即使用一個小小的行動就可以實現「該做的事情」，卻仍舊無法達到目的……這些都是很好的例子。

在此我要介紹一首詩，這首詩能成為你做選擇時的提示。這是美國神學者雷茵霍爾德・尼布爾（Reinhold Niebuhr）所寫的〈寧靜禱文〉。

請賜給我智慧，分辨什麼是可以改變的，什麼是不可以改變的。

請賜給我寧靜，接受我不能改變的一切，
並賜給我勇氣，改變應該改變的事*。

無法改變的事物占據了自己的心時，就無法面對真正的現實以及原本的自我。

並且，除去所有無法改變的事物，一切都是可以改變的。分辨兩者的寧靜及智慧，再加上面對現實的勇氣，這些元素就能帶領你走向你所期待的人生航道。

那麼，接下來我將介紹兩個因為煩惱不斷，所以決定延遲行動的簡單例子。應該有很多人在人生的道路上都有過類似的煩惱，也就是關於「不知道自己為什麼而活」，以及「在遇到重要事情時總是無法下決定」之類的煩惱。

---

*註：原文為：God,
Grant me.
the serenity to accept the thing I cannot change,
the courage to change the thing I can change,
and wisdom to separate the difference.

6

「不曉得自己為什麼活著」

▼知道了自己活著的意義，人生就會改變嗎？

自己到底為了什麼而活呢？真不明白這人生的意義。

我認為這是很深刻的煩惱。為了緩和痛苦，我們可以試著改變看事情的角度。只要如下改變問題即可：

「如果知道自己是為什麼而活，人生會有什麼改變呢？」

「為什麼而活」這個自問自答中有個陷阱。其實在思考這個問題的時候，我們什麼都不做也可以。

即使工作品質降低，沒有成效也沒關係。因為我現在正在思考「到底為了什麼而活？」只要拿這個問題當作藉口，就可以不用去處理日常那些細微瑣碎的事情。緊抱著這種「回答不出答案」的問題，是有好處的。好處是什麼呢？或許就是希望能稍微延遲做出重要的決定，也有可能是想要找出能夠獲得他人認可的「更高尚的自己」。

在我的客戶中，有個年過三十好幾的男性打工族，不僅還跟父母親同住，日常生活大小事都要仰賴母親幫忙。

我問他：「你覺得應該要如何打造自己的容身之處呢？如何讓自己能產生為了什麼而活的真實感呢？」

這位客戶回答：「在工作上積極表現，擁有自由的時間和金錢，獲得同儕夥伴的尊重……應該是這樣吧？」

如果想要得到這些，必須做些什麼呢？

他無法回答這個問題，因為他不知道。那麼，如果假設他是「因為覺得不知道比較好」，或是「不想要知道」，結果會如何呢？

「不出社會。」

「不在社會中戰鬥。」

沒錯，這個人就是覺得似乎會敗給這個世界，所以害怕不已。因為他覺察到自己非常看重與這世界的勝負，於是他開始學習跟世界（社會）和平共處的方法。

如果可以理解這種情況，應對方法就能產生效果。我向他建議了最容易做到的方法，讓他離家獨居，挑戰獨立。

只是這樣做了而已，他現在就能說出「真搞不懂我為什麼會因為這種事情而煩惱呢？」這種話了

想要解決「為什麼活著？」這個煩惱，就將目光轉移到眼下應該要做的事情（should），並集中精力在上頭吧！能夠創造出跟自己能力相符的結果（can），自然能夠達成心裡想要的一切（will）。

7 「總是無法在大事上做決定，拿不出成果」

▼持續累積小小的成功體驗，就能改寫認知

我們總容易想著「拿不出成果＝can't」，但如果假設成是「不想做決定＝Don't want」，就會有效果。

決定會伴隨著責任，而背負責任需要勇氣。其實決定「不做決定」的時候，仍有做出這個決定的責任。在霸凌問題中，我們常說「看見霸凌事件卻裝沒看到的人，也等同於加害者」，這道理是一樣的。

那麼，讓我們將焦點放到自我認知上頭吧。可能你心裡正抱持著「我沒有決斷力」「我所做的決定一定都不會有好結果」的認知。

如果有「沒有決斷力所以做不出結果」這種假設，我們就開始來驗證這個說法的真假。做法就是透過實際做出的某個決定，仔細觀察其結果。然後從中去確認自己所做的

決定是不是真的沒有好結果，這樣就可以了。

或許你會覺得「如果辦得到我就不用那麼辛苦了！」但是，在此我並不是要你突然做出什麼重大的決定，而是建議挑戰能夠輕鬆做決定的事。

比方說試著決定午餐要吃什麼，或是買蔬果行店家推薦的蔬菜等等。這類決定即使失敗了也不會帶來多大的心理負擔，就從類似的決定開始做起吧。

但不知道為什麼，大家一開始都喜歡挑戰重大決定，我的顧客也是如此。

但是現在的你必須要做的，是覺察到自己有「我無法下決定」這種想法。所以請從簡單的事情開始嘗試。

等逐漸累積了「自己下的決定沒有錯，成功了」，或是「決定出錯時還是可以修正」之類的經驗，就能給予心靈更多的力量。

正面思考的壞處

「如果是因認知而造就現實，只要選擇最佳認知，就能引來最好的現實，對吧？」
「總之就是，選擇了正面的情緒反應，現實就會為之改變嗎？」
「改寫自我認知，也就是提升自我形象嗎？」

我總會收到來自學會ＡＢＣ理論的學員們的這類反應。在各讀者中，或許也有人抱持相同的想法。

的確，想要讓當下的狀況逐步好轉，正面思考是很有效的一個方法。然而，光只有「正面」還不是很完整。

關於這一點，我們可以使用陰陽太極圖來解說。

陰陽太極圖代表著整個宇宙，萬事萬物都有裡外、有光明與黑暗、有溫柔及嚴格，相互對立的事物必定存在，而太極圖就是用圖像表現出這種狀態。如果沒有外，就不會有內。陰與陽其實是一體兩面。

我們將圖中白色的部分當作是正面，黑色的部分當作是負面。學員們在前面所提出來的看法，嚴格來說應該是「符合自己想法的正向思考」，也就是「白色的部分更白，連黑色也改塗成白色」的思考方式。

可是，**如果勉強將黑色的部分也塗白，雖然說不是絕對，但現實中恐怕多少會有些勉強自己**。因為儘管心中有負面的想法，但「塗蓋過去＝不承認」，等於就是強制裝入箱內的「壓抑情緒」。

這世界上沒有人心裡不曾有過負面情緒。在4ness應對法則裡，會將黑色＝負

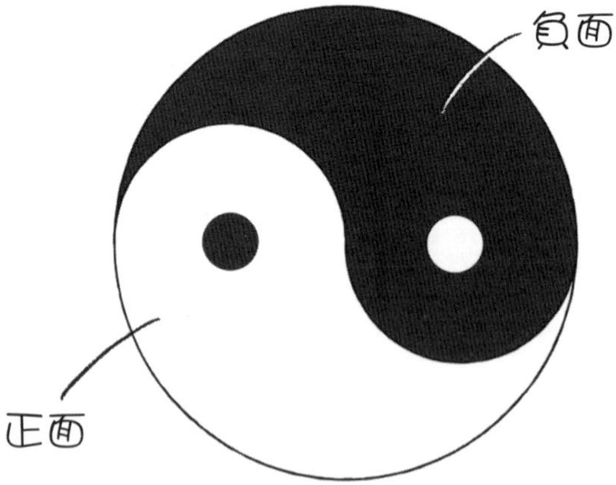

※圖 11「陰陽太極圖。」

面思考視為危機管理的能力。正確的作法不是將黑色塗白，而是接受黑色原本的狀態，**透過認同黑色，轉化成讓人生向前邁進的動力。**

「將不安化為力量。」

「找出恐懼的根源。」

「我就是害怕這個東西。」

接受自己黑色的那一面，等於接受了自己的軟弱。澈底接受自己的軟弱，不僅相對來說更安全，其中還隱藏著能夠讓自己過得更輕鬆的重要線索。

這樣大家都懂了吧。

在「白色＝只有正面的你」之中，你的可能性會減半。唯有負面與正面並存，你才能開啟自己百分百的可能性。

具有一致性的自己，接受了黑與白的「統合」，通往「自我認同」的那扇門才會敞開。並且，按照光線投射的情況，就可以輕鬆帶入陰陽的觀念，絕對的陰或絕對的陽，在這個世界上是不存在的。

那些討厭自己的人，很有可能是無法接受自己心中黑暗的部分。在此我就來告訴大家一個容易理解的例子。

8 「很難喜歡上別人，沒有喜歡的人」

▼接受了不成熟的自己後找到了伴侶

我的顧客中，有一名女性說自己「對人沒有興趣」。所有人最關心的就是自己，對他人不感興趣其實很自然。

這位顧客在當時受到一名已婚男士的追求。在道德倫理上來講，這或許是不被允許的，但她還是鼓起勇氣，挑戰了已有十多年不曾碰觸過的戀情。這段戀情很快就迎向了終點，但她卻在不知不覺間深深愛上對方，所以陷入了深深的悲傷中。

在此同時，她清楚發現自己的「黑暗面」。她一直都為了工作而活，所以對戀愛與感情的處理態度還不夠成熟。

總之她並不是無法喜歡上男性，單純只是因為戀愛的經驗值偏低（黑暗面），所以感到害怕。她總是會主動避開投入戀愛。

結果沒想到不久之後，非常契合的對象出現了。彷彿是在獎勵她能夠面對自己的現況，現在的她打造了一個幸福的家庭。

之所以沒有辦法找到喜歡的人，大部分原因，都是因為在過去的戀情或人際關係中，曾有過被傷得很深的經驗。過往的傷痕就是未處理的情緒。在傷痕沒有癒合的情況下，我們的心就會發動迴避、抽離或壓抑的機制，避免當時受的傷被碰觸到。

若是在戀愛過程中受過重傷，日後就會開始迴避感情，那麼以陰陽太極圖來看，就是「戀愛情緒」陷入了黑暗的狀態。明明看見了自己的傷=黑暗面，卻還要假裝沒發現。

或者也有人會懷疑自己「無法喜歡上他人，到底是怎麼回事？」懷疑自己的人，也會懷疑他人。這麼一來，無法喜歡上他人也是莫可奈何。

不管怎麼說，這類型的人之所以不被他人喜歡，是因為他們也不喜歡自己。所以首要之務是必須接受自己的不完美。接受了自己的不完美之後，才可以接受其他同樣不完美的人。

團隊的和平，必須保持黑白平衡

有些人會認定正面是善、負面是惡，並被自己心中「正確」及「不正確」的想法過度囚禁，這些人其實沒有足夠的判斷力能看清事實真相。

近年來網路上吵得甚囂塵上的話題，就是一個例子。在網路上偏執地攻擊他人的人，其實只是被困在自己認為「正確」的思維裡，沒有多餘的心力去學習了解他人的想法及價值觀。反過來看，他就是希望自己的「正確」想法能夠得到他人的認同，所以才不得不這麼做。

要說這麼一來會有什麼樣的後果，其實就是會使他無法順利與周遭的人相處。從夫妻這種最小單位的團體，到大型的公司組織，都有可能會發生同樣的狀況。

那麼我們就一起來看幾個例子吧。首先第一個例子可以讓人立刻就了解到「白與黑的平衡」，在團隊裡有多重要。

9 「努力才是好事……雖然一直這麼想，卻沒有成果」

▼沒覺察到自己努力過頭而弄壞了身體

這是一名業務員的故事，儘管從客觀的角度來看，他已經非常努力了，但他本人卻覺得「還不夠努力」，而持續不懈。

不管是誰來看，都會覺得他明顯很疲累，辦公室的同事們當然都很擔心他，而且他連家人都丟著不管。

即使如此，他本人卻還是認為「休息就是輸」。他將休息當作是黑＝負面，不久後果然搞壞身體，住進醫院。

藉著住院休養的機會，他終於能夠坦然面對「不把身體操壞就不休息」的自己。在他心裡，其實有著「自己若不努力，就沒有價值可言，不會被認同」的扭曲的B。

就像是「希望努力獲得認可」「希望工作能更有自己風格」這類壓抑情緒喚起了那個B，才導致他住院。為了守護今後的人生，他必須覺察出該情緒的由來。

經過諮詢，他已經能夠接受「現在的自己並不完美」，如此一來就能一點一滴改變他的工作模式。

到目前為止，他給自己的課題超過了必要的程度，如今不僅有意識地慢慢減少，週末時也能夠和家人一起度過詳和的時光。

他的心裡多了幾分從容，也改善了跟辦公室同事間的關係，因而工作起來更得心應手。一旦接受了自己心中的黑暗面，就不會用盲目的方法做事，效率既高，也能夠輕鬆發揮出實力。

10 「無法管理員工，新人能力不足」

▼揚棄自己認定「對的事」，獲得員工的尊敬

自己身邊都沒有一個像樣的員工。最近的年輕人完全沒有動力。喝酒時，我們常可見到像這樣滿嘴抱怨的中階主管，我的顧客中也有像這樣的人。

我們假設他是A先生。A先生性格熱情，工作熱忱。他會以運動員常用的激烈話語來訓練自己員工，業績也能獲得相應的提升。然而有一天，某位員工卻沒有事先跟他溝通就突然提出辭呈，而且辭職的理由居然是A先生的指導方式過於嚴厲。

從那之後，A先生信心盡失，開始避免與員工接觸，甚至變得會抱怨自己身邊「沒有像樣的員工」。

為了別人好而付出，沒想到對方卻不領情，這樣的情況真的很讓人受創。

但是，請仔細思考一下。員工選擇離職是員工自己的責任，跟A先生本身的存在價值無關。得知對方辭職的原因之後，應該是要調整指導方式，然而他卻認為自己的指導方式是「正確的」，並拘泥於這種思維，因而大為受創，甚至放棄管理員工的職責。

對公司來說，員工的任務就是提升業績。不過，自己為了他人好而做出的所有努力，也同樣這麼要求年輕員工，這麼做會不會有效果是另一個層面的問題。為了讓團隊正常運作，並提升業績，眼下真正應該要思考的，是此種做法的必要性。

他總是堅持自己是對的，像他這樣的人，其實就是欠缺了白與黑的平衡。這類人常會抱持著自己做得到所以其他人理所當然也應該要做到的B。在其背後所有的，就是以自我為中心，無法認同自己與他人的差異，不能接受界線的存在，這就是所謂的「加害者」心態。

諮詢過程中，我小心撫慰了他受到的創傷。首先最重要的，就是讓他分清楚「員工辭職」是事實，而「我造成的」是解釋。另外，也要讓他放下「員工的工作態度必須和我一樣」的想法。

結果，最近他開始會說：「我身邊的年輕人比我年輕時要能幹許多呢，真是優秀。」同時也跟員工培養出良好的關係。

「什麼都做得到」的幼稚思維，妨礙我們面對真相

前述的A先生是以體育組的指導方式來帶領員工，基本上，運動員型主管偏多的公司，常會用「只要夠努力，什麼都辦得到」的方式來激勵員工，這樣的公司文化還挺常見的。

但是，「只要夠努力，什麼都能辦得到」這種努力萬能的說法，其實很幼稚。

小孩子的努力方式跟大人有很多不同之處，包含智慧的增長、身體的成長速度、達成目標的時間等等。整體來說，小孩子的努力成果或許可以很快反應在現實中，但大人並不是如此。**有時候我們必須找出「只能做到這種程度」的那條界線。**

清楚看出能夠做到的事情（白）以及做不到的事情（黑），也是面對的能力。唯有覺察到自己「有些事情做得到，有些事情做不到」，才會出現「從其他方向去嘗試」這

類建設性思考。

以下我要來介紹一個「萬能感」這種幼稚想法在現實中引起問題的事例。

11 「職場問題一大堆，根本處理不完，也無法改善」

▼責任心過重，會被「全能感」囚禁

不知道為什麼，問題總會同時降臨。職場上遇到同時間發生多起狀況時，首先應該要做的，是從整理問題開始。在紙上寫下一覽表，看清問題，思考應該從哪裡開始著手。

這麼一來就可以看清兩件事，就是自己能做到的事，以及自己做不到的事。接著，因為有些事情自己是做不到的，所以必須拜託其他做得到的人來幫忙。至於自己能做到的事，當然也可以麻煩其他人協助。

然而，如果在列表中，大多是屬於「必須要自己做」的事，在動手處理前，請你先好好想一想。

像這樣的人，很有可能是背負了過多的責任。每個人理所當然都會有做得到以及做不到的事，但對這種人來說，卻會把所有事情都視為是自己的責任。也就是責任的界線很模糊，有可能會成為自我中心的「加害者」。

這時候，請檢查一下自己是不是有以下的認知：

・覺得只要行動，就能解決所有事。

・不了解一切就不安心（不掌握一切就不安）。

覺得自己想要就能做到任何事的「全能感」，是小孩子的努力方式。越是成熟的人，越能夠在可以做到以及做不到的事之間，拉出一條界線。高估自己能做到，是因為想獲得成就感，這也是一種幼稚。

有這類煩惱的人，請先將問題條列出來，然後將「可以委請他人幫忙」的事情委託出去，並減少你所列出的那些「自己做得到的事情」。就算「周遭完全沒有人可以委託」，自己也不可能背負全部的責任，所以會陷入進退維谷中。

請接受「沒辦法全部做到」。想要全部都自己來時，請停下腳步好好面對自己，然後選一件自己可以做的事情開始處理。做好這件事後，再繼續往下做。如此一來，處理速度才會加快。

當你按下改變的開關，甚至會自動冒出「我做不到，也沒有人可以幫忙」的想法。在我過去的經驗裡，這是常有的事。

討厭的人、難應付的人一定會送給自己禮物

前面提到的內容，都是希望大家能看清在公司這個團隊裡，「統合白與黑」的重要性，這也適用於一對一，或者一對多的情況。

我先說結論，若能統合自己心中的「白與黑」，周遭討厭或你覺得難應付的人，一定會減少。

因為只要你心中沒有「種子」，就不會對他人「討厭的部分」產生任何反應。所謂**心中的「種子」，就是扭曲的認知，會讓你對他人「討厭的地方＝黑」那部分產生共鳴。**只要承認自己「擁有」並統合，漸漸地就不會在意他人「討厭的部分」。

面對討厭之處，或覺得「我才是對的！」這種焦躁感，會讓我們了解到自己心中「所有」，以及應該要面對、統合的事。

也就是說，當你受到「好討厭！」「我才是對的！」這些情緒所困，在現實中會發生一堆不順利的事。

接著來看以下兩個案例。一個案例是一名男性非常在意某位特定的「討厭對象」；另外一個案例則是「只有自己是對的，其他人都錯了」這個「種子」，會阻礙人的成長。

12

「瀏覽社群網站好累，不看又不安」

▼討厭的人中，有你的「種子」

這是最近常可聽到的煩惱，我的一位顧客也有同樣的煩惱。看著社群網站，對他人的動向忽喜忽憂，有時還會生氣。雖然知道最好不要去看，卻還是很在意，所以問我該怎麼辦。

我問他：「你想怎麼樣呢？」他回答說：「我沒有想停止使用社群網站，但卻覺得腦袋好像被綁住了，想停止非常在意的心情。」

從中可以發現兩個問題。一個是想要使用社群網站卻受困；另一個就是對於他人的貼文或自己的反應，會有忽喜忽憂的情緒波動。

我請他想想，如果不再使用社群網站，心情會變得如何，他回答了以下兩個答案：

1／擔心只有我不知道發生了什麼事，感覺好像被拋棄，我不喜歡這樣。

2／非常在意某個人的動向。

第一個答案中隱藏著想跟大家一樣的想法。換句話說，這個人可能有著如果「沒有跟世界產生連結，就比不上其他人」的扭曲認知。

那麼，透過社群網站得知他人的動向，就等於自己比其他人優秀嗎？他的回答是「NO」。

想跟其他人一樣，想獲得安心的欲望其實誰都有。然而，害怕跟其他人不同，被「一定要有相同價值觀」這種想法綁住的人，跟能夠把「一樣」的共感用來愛人並活用的人，有很大的不同。前者只是被他人的價值觀給牽著鼻子走，沒有「自我」。

他對自己沒有自信，太過遵從他人的價值觀，結果變得對社群網站貼文過於敏感。

這就是他隱藏在1情緒中的真實面目。

至於第二個回答，重點在於他為何在意那位特定人物。他的回答是：「我不想輸給那傢伙。」一邊覺得很討厭，一邊不論睡著還醒著都很在意，簡直就像戀愛般的入迷。

在看到有人使用過去自己認為「不可以那麼做」而壓抑的行為及方法並獲得成功時，就會湧現怒火、焦躁不安。此時可寫出對方的討厭之處，就可以知道自己到底壓抑了些什麼。

・常自吹自擂，讓人感到討厭。

・只是比較善於交際，假裝自己很有實力。

・總是把話說得很漂亮，但心裡在想什麼沒人知道。

每個人原本皆具備溫柔及嚴肅、寬容及細膩等各種相反的要素，所謂的成熟，就是能夠統合這些相反的要素。

也就是說，對善於交際的人感到焦躁，反過來說其實是因不善交際的自己感到心有不甘。

就像前面提到的，讓你感到在意的人，對方的認知一定存在著跟你的認知有所共鳴。這並非停止使用社群網站就可以勉強解決的問題。既然這樣，不如好好將這種情緒運用在自己的人生，才是更好的辦法。

不妨跟那個討厭的人一樣，嘗試看看輕鬆的方法。要不要允許自己稍微嘗試一下呢？在大多數情況下，應該都會得到不錯的結果。想要施展陽的力量，就需要陰的力量。

如此一來，自己內在的統合就可以有所進展。等覺察到時，你會感到很不可思議，因為對方已經從你感興趣的名單中被刪除了。

出現在你面前令你「在意的人」，會像這樣為你帶來「幸福的提示」。

13 「主管或公司最高領導過於無能，所以無法產生動力。」

▼妥協不等於消滅個體

有許多年輕員工會覺得公司或主管總是無法理解自己的想法，因而感到失望。那麼，請試著思考看看。一般組織所要求的基本能力，大概有以下六項：

1／理解能力（知識力）　2／傳達力　3／忍耐力　4／坦率　5／不停歇的成長力　6／人際相處的磨合力

重點在於最後的「磨合能力」。有不少人認為自己的想法是對的，對方是錯的，生活堅持這種立場。在人際關係中感到憤怒或是痛苦，原因都是來自於此。

然而，在面對不如想像中平順的現實生活時，究竟是要痛苦度過，還是心平氣和地過，基本上這種態度是可以自己選擇的。

痛苦的時候，依舊能夠保持內心的平穩，這就是「智慧」。有這種煩惱的人，或許應該要先問問自己是否具備能將「正確思維」放一邊，以及讓自己保持穩定的能力。

覺得「公司或主管總是無法理解自己的想法」時，其實是因為你不問事實為何，只把自己的「正確思維」當作唯一答案，而且也常將這種正確思維當作武器，化為盾牌，守護著沒有採取實際行動的自己。

遇到這種狀況時，同樣地也請不時感嘆主管或老闆相當無能的你，把自己的「正確思維」先放到一邊。接下來請在這樣的前提下，以ABC理論檢查自己沒有動力的理由，因為裡頭或許隱藏著自己「不想提起勁來做事」的真正理由，而且可能跟主管或老闆一點關係也沒有。

常有人認為自己的主張都是對的，並將可以把自己的想法與其他人、組織、社會磨合的人，看作是「精明能幹」「沒有自己的想法」。

但是，我們絕對無法獨自一人生存，人與人之間的最佳關係，就是在健全的情況下相互依賴。想要與他人一起共存在這個世界，就要在提出自己的主張時，也側耳「傾聽」對方的想法，並在對等的情況下建立溝通模式。聽了對方的意見，並付諸實現時，你心中所有的奇怪感覺，也會完全表達出來。這一步會培育出人與人之間的牽絆。

培育自己心中的「男與女」

所謂的面對是指如實看待現實生活中「有好事也有壞事」、自己心中有「白與黑」，並單純承認這些都是「存在的」。

接受自己心中「有白也有黑」，可以促進自我統合，並以真實的自我立足在這個世界上。

「白與黑」「陰與陽」最極致的表現，就是「男與女」。以陰陽太極圖來說，男性就是陽，女性就是陰。無論缺少哪一方，人類本身都不可能存在。

我們每一個人，無論是誰，都具備有男性化及女性化雙方面的要素。**太過偏向其中一方的時候，在人生以及人際關係上就會產生不協調**。

當今的商業世界是以男性為主的社會，有較為重視推進事情、守護他人的男性化傾向。影響所及，在八〇年代正式掀起了女性參與社會活動所造成的「女性的男性化」。

為了在男性社會中不被男性淘汰，憤怒的女性開始透過在職場上力爭上游，培育自己心中的男性化元素。然而，個性獨立，乍看之下相當優秀的女性，卻失去了培養「女性化」那一面的機會，為婚姻生活及養兒育女而煩惱的人，可說是有如過江之鯽。

煩惱自己過度男性化的女性不斷增加，事實上對男性來說也是一個很嚴重的問題。

在此介紹一個易懂實例。

14 「老公完全不參與家事及育兒」

▼成熟女性培養老公男性本色

妻子控訴自己的丈夫從不幫忙做家事及照顧小孩，其實是她們自己選擇了這種受害者意識。

女性不習慣把自己的欲望說出口。因為她們認為，不說出口對方也能猜到的關懷，才是真正的「愛」。但另一方面，男性是生活在「有欲望就要說出口」的規則中。將關懷當作是「愛」，其實只是強烈害怕被拒絕的女性之間的規則。

根據上述理由，這樣的女性應該要確認是否具體且適當地傳達出希望丈夫幫忙這件事。若是「說了仍不做」，就要確認傳達的方法。

男性本來就討厭聽從想要改變自己行為的女性。因為男性是害怕挫折的生物，若自己的行為不分青紅皂白地被否定就會受傷。

「襪子不要脫著亂放！」「開車小心啊！」等都是這類例子。女性有事要拜託男性時，請改用正確的說話方式：「襪子脫掉請馬上拿去洗，如果你能丟到洗衣籃裡我會很高興」這種理由明確的「要求模式」。

例如妻子有某些煩惱，可以用以下的表達方式較為適切。

不當說法：「我也很忙啊，你至少幫忙照顧一下孩子吧！」

適當說法：「我今天工作很忙，如果你能幫忙照顧一下孩子，我會很高興。」

而且，一開始最好只拜託對方一件事。如果對方做到，一定要說「謝謝」。剛開始的時候，丈夫幫忙的品質可能會偏低。但請記住，不要一開始就要求完美，按部就班地進行才有意義。

最初的目標可以放在讓丈夫體驗「如果幫忙就能得到妻子的道謝及笑容」。接下來再教育他「如果做得好就會得到讚美」。此時應該要說「你收拾得好乾淨喔，謝謝！」只要反覆這樣做就可以了。

……看了以上的解說，如果你是男性化傾向較高的女性，可能會有這樣的感覺：「根本就像在教小孩子一樣不是嗎？好麻煩喔！」

但事實上，優秀的女性的確可以將男性培育得很好。對感到麻煩的你來說，有一種認知是轉換改寫後就能讓生活更輕鬆。根本解決這個煩惱的關鍵，其實就藏在裡頭。

女性出聲請他人幫忙卻遭到拒絕時，會感到受傷，產生「因為會受傷，所以不要拜託別人」的認知。

這麼一來女性就會變得想要獨力完成工作。尤其是喜歡說「我自己做！」「沒問題！」等口頭禪的女性，這種傾向特別強烈。

大多數男性會把此類女性視為「會照著我的期望去做，而且不會有任何怨言」。如此一來就會慢慢變得不願意幫忙。對於丈夫不參與育兒活動而深感不滿的妻子們，有很多只好獨力完成工作。

原因是她們不習慣「當一個受到珍惜的女性，自己的請求有人願意傾聽」。

「受到男性重視」的經驗是培育女性化所必需的。並且，女性化尚未成熟的女性，也沒有辦法為男性伴侶培養「幫助並支持女性」的男性化。

之所以會不習慣，只是因為沒有可以學習的榜樣而已，或許她們的母親也有過同樣的煩惱。

我也生了一個女兒，所以我能夠理解，在孩子滿一歲之前的日常育兒很是慘烈。當然，為了讓男性成熟到能夠勝任父親的角色，並且在日後漫長的育兒之路上可以互相扶持，有必要讓男性們親身去感受那種辛苦。

但是，如果女性因為害怕被丈夫拒絕，就把所有事情往自己身上攬，會發生什麼狀況呢？

丈夫會失去機會好讓支援妻子的男性化傾向臻至成熟。男性之所以會被認為「居然什麼都不幫忙！」說不定是因為妻子的女性化不夠成熟，奪走了他的成長機會。

總之，造成這個煩惱的主因，大多是「妻子沒有主動請丈夫幫忙做家事及照顧孩子」，所以解決方式就是主動向丈夫提出請求。就算被拒絕個一、兩次也不要輕言放棄。因為「遭到拒絕」跟「自己的價值」一點關係都沒有，而且還是非常好的練習機會。

用言語表達出自己內心的想法，在與所愛的人之間，不只是「權利」，更是「義務」。因為沒有人會希望自己所愛的人一直在忍耐。

如果你也有相同的煩惱，請參考以上的例子，一方面培養自己的女性化，另一方面也別忘培養丈夫的支援能力。「把丈夫操控在手中」就是這個意思。

健全的相互依賴，存在於健全的夥伴關係中

如果說，幫助男性培育男性化是女性的任務，那麼幫助女性培育女性化就是男性的工作。

在經常可以聽到申張個人主義、自我負責這些說法的現代社會中，常視「依賴」他人為不好的事。然而在健全的人際關係中，健全的「相互依賴」是成立的。

如果男女雙方的男性化和女性化都尚未成熟，甚至有所偏頗，就會發生男性無法好好幫助女性，而女性也無法好好依賴男性的狀況。

如果希望自己的戀人或伴侶一直都是最傑出的男性及女性，就必須清楚意識到自己心中的「男與女」，並好好培育。

男女之間對於感情的認知原本就有性別上的差異。**特別是跟男性比起來，女性更重視「情緒」跟「氛圍」**。男性想要成為女性的最佳後援，就必須了解男性與女性對於情

緒的感受方式以及接收方式有很大的不同。
接下來，讓我們看一個丈夫常會有的煩惱例子。

15 「明明是在聊天，妻子卻說：『你都沒聽我說話！』」

▼聽女性說話時，首先要有「同理心」

老婆生氣地說：「你總是沒聽我說話！」我的學員中，常有丈夫為夫妻間差異而煩惱。

男性在聽人說話的時候，首先想到的都是解決問題。而女性希望對方聽自己說話時，比起解決問題，對方能貼近自己心情反而才是最重要的目的。

或許你會想，對話的目的不就是為了解決問題嗎？但對女性來說，即使什麼都沒有得到，也希望對方首先能貼近自己的心情。

那麼，貼近自己的心情是什麼意思呢？一開始一定要放入「同理心的語句」，比方說「好辛苦喔」「你很擔心吧」「哇哇，好厲害喔」之類的，表達出同理的態度。女性在心情上獲得共鳴之後，才會覺得「自己的話有被聽進去」。

女性最失望的是，男性試圖想要說些話來轉變女性的「心情」。就已經說了「好擔心喔」，若還回說「事情沒那麼嚴重」「那個沒關係啦，不要在意」，女性就會覺得「你根本不懂我的心情」。即使實際狀況真的不需要太過擔心，但如果沒有共鳴的詞語，就會讓對方懷有不信任感。

不要把這個課題想得太難，從「形式」上著手就可以很快解決。為了愛惜、珍視自己想要支援太太的這個想法，首先就是要放入「同理心」，這是鐵則。

探索你的黑暗面

無論是個人、團體，乃至於社會，都是由白跟黑兩面所組成。

把黑暗面當作是「沒有的」「欠缺的部分」「不要的部分」，這樣無法正確捕捉事物與現實。

那麼，你心裡的「黑」，究竟是什麼東西呢？在此我們準備了「探詢自己根源認知的練習」。

請回答以下三個問題。

Work 4↓探索自己根源認知的練習

你是怎麼樣的人呢……？

將自己的想法，填入下面的（　）中。

重點是不需要想太深，直覺寫下心裡的想法。

・我是

（　　　　　　　　）。

・這世界的人

（　　　　　　　　）。

・我必須要（　　　　　　　　）。

回答範例1

・我是一個（有趣的人）。

・這世界的人（好像有點無聊）。
・我必須要（帶給大家歡笑）。

回答範例2

・我是一個（不幸的人）。
・這世界的人（好像都活得比自己還幸福）。
・我必須要（當一個比大家都更努力的人）。

這個作業參考了心理學家阿爾弗雷德・阿德勒博士的想法，他因為知名暢銷書《被討厭的勇氣》而廣為人知。

阿德勒說，人類的世界就是由這三個問題所構成。這個作業的答案中，應該就隱藏著找出你「根源認知」的重要線索。接下來，請務必先完成這個作業再讀下去。

覺察出個人所抱持的自我認知，不只有一種方法。越是深入挖掘，越會挖掘出許多類似「說不定這個也是……」的想法。

接著以勇敢面對的心情探入最深處，你會發現**與自己人生有關的所有的信條、既有**

觀念、價值觀相關的「根源認知」就在眼前。

在上一個章節中我曾說明過，在自我認知的根源中，一定有著像是「我一定要〇〇～～～」之類有附加條件的存在價值。

我想大多數人都知道，我們人都有尊重需求，其中，想要認同自我、想要滿足現在的自己，是「自尊需求」，而希望得到他人認可「你好棒」則是「他尊需求」。

我有位女性學員，如此回答之前的作業：

- **我是（單純爛漫的人）。**
- **這世界的人（都在煩惱）。**
- **我必須要（把所有事情都做到最好）。**

儘管她對自己的評價是「單純爛漫」，卻覺得自己應該要「把所有事情都做到最好」。我想讀者們對於這個答案一定會覺得很奇怪對吧。

她是一個以自創品牌起家的創業家，實際給人的印象相當開朗，說起話來很直率，而且是個美女。

但是她在做生意時，得知了自己有「周遭的忌妒心好可怕」「極度害怕他人會帶給自己困擾」這些認知。

具有相同認知的人，一定能感受到相同的混亂。

那麼，她所擁有的根源認知是什麼呢？

B：如果不能贏過他人，自己就不會被認可。

B：自己若沒有在生意場上勝出，就沒有存在價值。

這就是她至今一直壓抑著的根源認知。她之所以會害怕在生意上招忌，是因為她在事業上拚命努力才建立起自己的地位。

因此，我想在她的幼兒期，應該懷有某種自卑感，也就是抱有壓抑的情緒。

然而，這個根源認知運作的時候，會讓她在意識到「勝利」時，也會順帶感受到「失敗」。也就是說，她一直恐懼於有人會威脅自己的地位。

在這種情況下，她無法感到安心。無論多麼留意讓自己表面上看起來很開朗，言行舉止積極向上，但心總有一天會感到疲憊。

要讓她早些放輕鬆一點的方法只有一個，就是脫離輸贏或競爭的環境。多數現代人常有誤解，其實做生意不是打仗，只是為了改變社會的一項工具而已。

於是我告訴她：「妳很怕輸吧。」

她擁有面對現實的力量，所以坦率接受這個事實，並開始尋找將恐懼轉化為力量的方法。同時，她也積極挑戰「邀請競爭者一起參與的商業模式」。

將「贏過敵人」的態度改成「大家共贏」的態度後，她的事業便益發壯大。更重要的是，原本覆蓋在她身上的厚玻璃，已經慢慢變薄，身邊也因此聚集起許多人。

基於渴望獲得認同的行動，會背叛自己

他人的認同，也就是受到他人稱讚及尊敬，會助長「我這樣就很好了」這種自我認同。然而，想要獲得他人認可的欲望，不僅會讓我們覺得「我這樣就很好了」，還常會背叛自我。

就像前面所提到的那位女性，她會想藉由「在生意上贏過他人就可以得到認可」的這種他人認可，來滿足「單純爛漫，什麼事都做得很好」的這種自我認可。這麼一來，原本的她將永遠都「沒有」價值。

你知道人最討厭哪種人嗎？那就是討厭自己、認為「我沒有存在價值」而過度謙遜的人。

因為，懂得重視自己的人，也會同等重視他人。相反地，過度謙遜的人看起來好像很在乎他人，其實心裡的箭頭往往都指向自己。這種人就是第一章所介紹的「加害者」。

請試著仔細驗證前面「探詢自己根源認知的練習」結果。問問自己為什麼會這樣想？說不定你就會發現裡頭**隱藏著「要用他人認可來證明自我認可」**。

接下來我要介紹兩位顧客的案例，他被困在他人認可的需求中。一個是經營者等擁有社會力量的男性常會有的煩惱，另一個則是年輕人常會有的「找不到想做的事情」的煩惱。

16 「沒辦法只愛一個女人」

▼擺脫母親的束縛，真正的男性氣概就覺醒了

擁有許多性伴侶卻仍舊無法滿足，希望慢慢地能找到一個穩定的交往對象，這就是這個煩惱的本質。

有很多男性會將擁有多位性伴侶視為有男子氣概而自豪，但當中卻很少人將此視為煩惱，因此這個煩惱可謂相當深層。因為這樣的人雖然表面上看起來很自傲，但其實心

裡想的是「沒有心意相通的交往對象」，等於是公開展現了不成熟的自己。

有一次，有位客戶來找我。他的諮詢內容中，有很多「別人都把我當笨蛋」這類的憤怒感受，苦於被憤怒牽著鼻子走。憤怒有強大的能量，若能正面活用，就能讓人大幅成長。面談過程中，我試著詢問他會在什麼時候感到憤怒。

・自己無法處理好事情的時候。

・身分比自己低的人卻用平輩的方式來對待自己時。

換個角度來看就會發現，這其實是想要得到他人認可的深層欲望。我們可以藉此窺見他缺乏自我認同，為了確認自己存在，無論如何都需要得到他人的認可。

我問起他的童年生活，才知道原來幼年期的他生長在害怕父親暴力相向的陰影下，而母親對他則是像寵愛貓咪一樣。

對於一出生就深愛著父母的孩子來說，沒有什麼比在非常依賴父母的時期中，遭受到日常暴力更致命的。連是自己的問題還是對方的問題都搞不清楚，就被丟進不適用普世規則的環境中，我想他一定嘗到了令人難以想像的痛苦。

由於身邊沒有理想的父親典範可以參考，長大後他就將電影或漫畫中學來的男性化傾向，當作是學習的範本，並培養出高遠的志向，在現實生活中事業也大有斬獲。

然而，不管他怎麼做，都無法感到充實，所以感到空虛孤獨時，就會隨便跟女性約會，藉以逃避寂寞的情緒。

當然，這樣的逃避行為無法改變寂寞的事實，他甚至在內心深處感覺到自己背叛了最愛的母親。

大家應該能理解這是怎麼一回事吧。

雖然他自己並沒有覺察，但他其實拚了命想要擺脫母親眼中「可愛兒子」的形象。終於，有了適當的時機讓他能挑戰培育真正的男性化性格。

培育男性化性格的契機，就是「得到所愛之人的支持，並支持對方」的那種感覺。為此，他必須有能力將自己的欲望往後推移。

作為一個男人，他總是希望展現堅強的那一面，為了面對軟弱的自己，他向父母告白：「我其實真的很寂寞，很想跟你們撒嬌。」他接受了過去被壓抑的情緒，拿出勇氣說出內心話。

結果，當時的對談似乎並不順利，不過他還是覺得自己的挑戰很ＯＫ，接受了隱藏起傷痕的自己，並且不再以受到父母影響的被害者角色繼續生活。

從那之後，他不再隨便壓抑自己憤怒的情緒，而會問自己「為什麼生氣呢？」冷靜觀察自己的情緒反應，並將之轉化成催動人生前進的力量。結果他的事業版圖不僅更加擴大，而且還遇到了心意相通的女性，現在正準備要結婚。

事實上，有大多數成功的男性經營者，都煩惱於「無法專注深愛一個女性」。在現實生活中，有不少知名的企業家或大老闆，會將過去的痛苦轉化為力量，並在社會上大獲成功。

如果你本身也因為同樣的問題而困擾，建議你務必先找到自己無法滿足於一個女性的原因，然後在安心、安全的環境中，告訴他人心裡的想法，這是最有效的方法。

過程中或許會不斷湧現各式各樣的情緒或痛苦，但那都是屬於你的壓抑情緒。只要能夠好好處理，相信今後你將會擁有比現在更強大的影響力。

17「找不到想做的工作」

▼強烈渴望獲得他人認同，因而陷入人生迷宮

不知道為什麼，人們都有「找到『想做的工作』，並且全力以赴，就一定能得到好結果」的想法。但事實上並非如此。對於「想做的工作」所抱持的認知，說不定正是你找不到「想做的工作」的真正原因。

提出這個煩惱的是我一名年過二十五歲的男性顧客。

他因為「找不到想做的工作」，所以不斷更換打工，並隱隱煩惱著不安定的生活。

諮詢過程中，我試著用假設的方式來探究他的內在情緒。

我：「如果你擁有時間自由及財富自由，最想做什麼呢？」

男性：「應該是旅遊吧……但如果真的有了錢，可能就不去旅遊了。」

我：「那不然想做什麼呢？」

男性：「唔……投入公益活動！」

我：「這是真的嗎？」

男性：「唔……應該吧。但也可能會耽溺於甜食及性愛。」

對談的內容大致就像這樣。聊著聊著，他突然覺察到了。

男性：「……對了！我想要受歡迎！」

可能各位會大感意外，覺得「怎麼會這樣？」但這就是他真正的欲望。然而，如果將「想要受歡迎」當作是「想做的工作」，會讓他感到羞恥，並且他認為要受歡迎就應該投入對社會有貢獻的公益活動，所以才會不斷尋找能夠得到他人讚賞的「想做的工作」。

同時，他也積極思考受歡迎的必要條件，結果答案就是與人的溝通能力。也就是說，他心裡原本的認知是「無法跟他人好好溝通」。

隱藏在「找不到自己想做的工作」這個煩惱後面的真正課題，就是戀愛這個最高級的他人認同欲望，也就是想跟他人產生更緊密連結的強烈願望。然而因為他覺得承認這件事太可怕，就假裝是在找「自己喜歡的工作」，不去看自己真正的課題。

例如若沒有覺察到「自己沒有價值」的認知，而感嘆著「沒有想做的工作」，那又會是如何呢？若確實找到了「想做的工作」，就不得不去面對自己沒有價值=能力不足。

也就是說，這個煩惱的本質是「找不到想做的工作是有好處的」。之所以無法發現這一點，有可能是因為他自己總是不去看真正應該要面對的課題。如果要給這種人一個建議，那就是請他面對「自己無論如何都應該要做的事、應該要掌握的事」，並且做好「付諸行動」的覺悟。

在尋找想做的事情時，都必須歷經「必須要做的事→會做的事→想做的事或工作」這三個階段。

首先第一步就是去做「做得到的事、非做不可的事」。這麼一來「做得到的事」就會漸漸增加，然後再從這些做得到的事情裡，找尋「想做的工作」。這個過程就像是解決了問題之後就能獲得獎勵一般，一定會看到成果，所以很不可思議。

面對真實自我的勇氣，一定能在現實中得到某些回饋。而人也會一點一滴，回復到原本的自己。

接下來的第五章終於來到4ness之旅的終點——回歸本來的自己。回復真實的自我時，世界看起來會是什麼樣子呢？

4ness column ④

孤獨是所有人都有的根源認知

「孤獨」是每個人都有的根源認知，大多數深受孤獨之苦的人，都有下述的認知。

・大概只有我會感到孤獨。
・孤獨的人是失敗者。
・孤獨就不幸福。

在我的學員裡，有一位相當害怕孤獨的 D 先生。D 先生因為太討厭孤獨的感覺，所以會頻繁地聯繫朋友，找到機會就一起出去看電影或聚餐。但是，不知道為什麼，寂寞的感覺依舊如影隨形。更有甚者，當他置身團體中，反而會感受到更深刻的孤獨。

跟D先生聊過之後，我了解到他的自我B是「孤獨的人沒有價值」「只有我是孤獨的」。

首先，我請 D 先生跟其他學員聊聊「孤獨的感覺」，讓他能夠確切體會到，這世界上並不是只有他覺得孤獨。基本上孤獨並不是必須要「處理」的事情，而是每個人「都會有」的感覺。藉由良好的情緒感受，讓他的認知開始產生變化。

結果 D 先生周遭的朋友，也開始向他傳達「孤獨寂寞」的感覺。決定性的關鍵因素就在於，完全看不出來有為孤獨所苦的朋友，居然跟他說「我也懂！」充分表現出自己感同身受。此時 D 先生開始了解到，孤獨的情緒跟自己的價值，並沒有任何關連性。

D先生是領有教師證的老師，這件事對他的工作也有正面的影響。以前如果在班上發現老是獨處的學生，他的處理方法似乎是說：「快去跟同學一起玩！」

然而現在，他已經可以跟孤獨產生共鳴，所以不會用勉強的方式去處理，反而會跟學生說：「有時候就是會想要自己一個人對吧。」或是跟學生一起聊聊關於孤獨的話題。而學生也因為能跟孤獨產生共鳴，當下就不再感到孤獨了。結果 D 先生班上的氣氛跟以前比起來也改變了許多。

孤獨並不是封印在心中的情緒，而是在人越來越成熟的過程中，應該要好好體會的感覺。能夠細細品嘗孤獨，能真的認為一個人是很寂寞的時候，就能更深切珍惜人與人之間的連結。因為每個人都是孤獨的，而且是能感受到連結喜悅的生物。

若感到自己落單時，不要害怕，要去接受它。習慣了孤獨的感覺之後，請找一個人聊聊「孤獨寂寞」的心情。

如此一來，你應該就能感覺到，孤獨也沒什麼大不了的。

第五章

回歸本我～Oneness～

覺察與自我改變

終於，4ness之旅即將接近終點了。

若有人透過運用練習以及ABC理論，能夠拿出勇氣，發覺自己的情緒，我想心情應該都會「非常興奮」，那種感覺是筆墨難以形容的。

或許有些人會覺得腦袋空白，想要睡覺。這就是你稍微碰觸到壓抑的情緒，連忙關閉思考的最佳明證。「不是很明白」「不想面對」之類的心理防衛機制開始啟動，也就是越來越接近重大覺察的訊號。

那麼，透過閱讀本書，花了些時間終於把自己找回來的人又如何呢？是否覺察到「原來是這麼一回事」，現在的心情不可思議地沉穩，並且感覺平靜呢？

無論如何，養成用ABC理論來看待情緒，多注意觀察自己的心，今後將會發生覺察的「連鎖」效應。

若你曾經覺察過，能夠面對原本的自我，下次再體驗到同樣情緒時，「情緒」會變得如何呢？

「啊，這個情緒跟那時候是一樣的情況。」

「看來是那個認知又出現了。」

「所以我要放鬆嗎？要改寫？還是……」

應該會像這樣瞬間覺察到。這就就是自我認知的意識化。

若是覺察到「又是那個認知出現了」，接著就能做出「選擇」。有沒有瞬間覺察，其間有很大的差異。因為至少你再也不會「在無意識中，被事件牽著鼻子走」。也就是說，**你拓展了自己的生存方式**。

不過一開始時，不論是「緩和」還是「改寫」，應該都很可怕，情緒的擺幅想必會很劇烈，所以有時可能會選擇「不做任何改變」。

雖然我已經重覆過好幾次，但在4ness應對法則裡，即使不做任何改變也沒關係。因為光是有所覺察、接受，情緒就能緩和下來。

只是，你再也回不去還不知道認知（B）那時的自己了。

進行選擇的挑戰時，一開始緊張、劇烈搖擺的情緒，**最後一定會在停在正中央**。這就稱為「中庸之道」。

請回想一下第2章中介紹到的「存在的領域」（P82）。

越是接近自己的中心，所看見的狹窄世界就會越來越寬廣。能聽到原本聽不到的聲音，看到原本看不見的東西，腳踏實地，不放過對現今自己來說必要且重要的資訊。

若能累積挑戰經驗，抓到「中庸」的感覺，就能以自我的意志來控制像是「現在我想要更生氣一點」「現在先忍下來吧」之類的鐘擺。

回歸原本自我的過程，就像這樣沿著螺旋圖形進行。

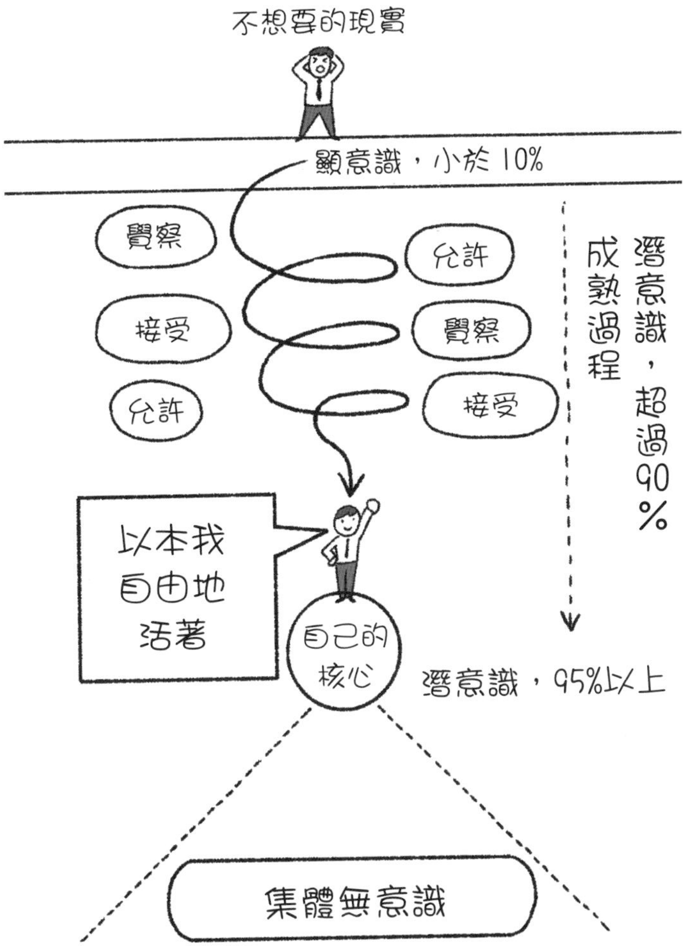

※圖 12「慢慢循著螺旋向上，回歸自我的核心（中心）。」

深層意識相互連結

自己肯定自己，用本來的自我活著，這就是「自我認同」。

幼兒時期被父母教育說：「保持你原本的樣子就可以了。」因而能夠肯定真實自己的人是很幸福的。可是大多數人總會因為在幼兒時期被培養出來的認知，而在現實生活中引發問題。

因為養育孩子的父母，也有著讓自己痛苦的壓抑情緒，或是自我認知。對孩子來說，父母掌握著生存的關鍵，因此孩子會直接繼承他們的認知。

「不可以太貪心。」

「不可以跟那個孩子太親近。」

「為什麼做不到〇〇呢？」

「這麼做跟隔壁的孩子不同，你應該要……」

我們的根源認知，有很多例子都是與過往父母無意間所說的一句話有關。我看過很多學員在回想起那份認知產生時的瞬間，淚流不止。

不過，你已經是個成熟的大人了。或許的確「是父母才讓我變成這樣的」，但現在的你得知事實後，可以自己選擇要如何度過人生。接受這一切之後，接下來就可以成為自己的父母親，培育這個「我」。

另外，認知並不只存在於個人的心中，也存在於夫妻、家人、親戚、公司團體，以及社會等團體中。

比方說在需要繼承家族事業家庭中出生的孩子，有時一生下來就背負著圍繞著這個家族的特有認知。

出生在政治家、藝術家、醫師等家庭中的孩子，可以看出這樣的傾向。多數孩子會在成長過程中以自己的方式接受那份宿命，並繼承家族認知。不過有時候，也有孩子會認為家族宿命一點都不適合自己，做出人們所謂「讓家族名譽蒙羞」的選擇。

你知道這代表什麼嗎？在家族間掀起波瀾的人，會拚命撻伐自己家族中「應該要緩和的認知（B）」，以及自己的人生、生命。

心理學家卡爾・古斯塔夫・榮格博士，是弗洛伊德的學生。他透過研究世界各國人們的夢境，提出了所有人都是以「集體無意識」這個意識串連在一起。

請再看一次P84存在的領域。所謂找出壓抑情緒、緩和自我認知以回歸原本自我，就是在向「集體無意識」靠攏。

接下來請看下一頁的練習。這個練習也是在幫助你找出從幼兒期開始就可能被灌輸的一些信條。

※Work 5↓你的信條

找出你信條的練習

Step1 ▽▽在（　　）中填入自己的想法。

・如果不（　　），我就沒辦法活下去。

・如果不（　　），我就無法與人親近。

・如果不（　　），我就得不到想要的東西。

・如果不（　　），我就不採取行動。

・如果不（　　），我就沒辦法自己思考。

・如果不（　　），我就無法活得更像自己。

・如果不（　　　），就沒有人愛我（我就沒有所愛之人）。

・如果不（　　　），我就無法信任人（我就無法獲得信賴）。

・如果不（　　　），我就無法融入群體（失去立足之地）。

・如果不（　　　），我就無法讓人快樂（無法享受快樂）。

・如果不（　　　），我就無法得到幸福。

Step2▽▽寫好之後，用「為什麼？」「真的嗎？」的提問，一一驗證，看看裡頭隱藏了什麼樣的認知，試著找出自我認知。

Step3▽▽最後，以像是「即使沒有（●●），我也會活下去」的形式，翻轉前

述例句的意思，並試著清楚唸出來。念出聲後，有什麼樣的感覺嗎？是痛苦？還是鬆了一口氣……？請好好體會並記住那種感覺。

這個作業特意採取「如果不～，就無法～」的形式來強化條件，採取讓你的自我認知更容易顯露出來的形式。

寫完之後，再把作業全改寫成「即使不～，我還是可以～」的形式，最後出聲唸出這些句子。這就是整個流程。請務必試著做做看。當然，你可以不用在眾人面前進行，自己獨處時進行也ＯＫ。

藉由唸出聲，就會覺得，好像莫名變得更輕盈、自由了。請仔細體會一下這種感覺。

你所感受到的「限制」，不是來自於父母、這個世界，或是某個人，而是來自於你自己。你應該會於瞬間感知到這件事。

◆◆◇◆◆

「第六階段」超自我覺察

還記得在第一章介紹過的馬斯洛「五大需求理論」嗎？

馬斯洛在晚年為這個理論添加了新的假設。**那就是超越第五階段自我實現的需求，俗稱「自我超越」的第六階段需求，有了「自我超越的需求」後，他就改寫了先前的理論。**

就像前面說明過的，實現了第五階段的需求，也就是無關乎他人與環境，發揮自我創造性，解決問題、擺平人生課題時，才可以「原本的自己」度過人生。

那麼，這裡所講的自我超越的需求又是什麼呢？

第五階段和第六階段的差別，就在於那個欲望是偏向「利己」還是偏向「利他」。

比方說我在二十幾歲時，因為煩惱於自己的人生，獨自到印度流浪，遇到了德蕾莎修女。相信大家都知道，她的生活正是完全奉獻自我，超越自我的方式。

為滿足「自我超越」需求而活的人，生存的目的「只有」帶著自己的能力與任務，為自己以外的他人或社會做出貢獻。他們的特徵是，在最接近集體無意識的地方，置入自己的意識，引發人們共鳴的能力很高。這不僅是沒有自我，甚至是超越自我，達到超個人的境界。

幼兒時期曾遭受過虐待、無法接受幸福的孩子，若想要跨越創傷，各位覺得最有效的方法會是什麼呢？

方法之一是找到一個發自內心愛他的人，體驗幸福的戀愛或婚姻，但光這樣還稍微有些不足。最實際的方法是「了解到付出愛的喜悅」。

若能了解人心與情緒的構造，模模糊糊地掌握到「原本的自己」這個概念時，我們就會知道該如何愛自己。同時也會了解愛的本質，知道人們的心在某個地方是緊緊相繫的。阻礙人生向前邁進的「自己」，也會從那個瞬間起慢慢消失。

無論是生活在五大需求中的哪一個階段，或是來到了第六階段的自我超越需求，其實都不需要任何特別的條件。不管是哪一種生存方式，都不過是生活在地球上所有人類的其中一個選項罷了。

那麼，緊接著就來進行最後一項練習，一起來看看到底是什麼妨礙了你的幸福。

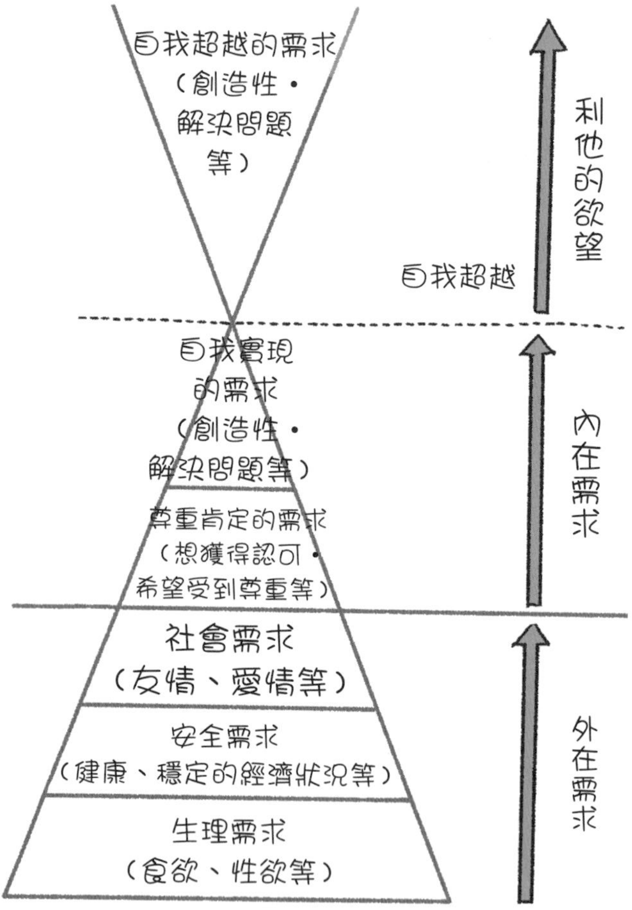

※圖 13「第六階段：自我超越的需求。」

Work 6↓最後的練習「是什麼阻礙了我獲得幸福？」

思考並寫完下列句子。

1／妨礙我獲得幸福的東西是

2／能夠讓自己更強烈感覺到自己值得更幸福的東西是

3／如果不照著他人價值觀去生活

4／對我來說，幸福是

5／如果我完全允許自己得到幸福

6／如果我給予自己更高的評價

7／能為我的人生帶來更多幸福的是

8／我現在所覺察到的事情是

「自我認知」的人將創造時代

若活用了4 n e s s應對法則，將能養成「活出自我人生的能力」。其中最大的禮物，是能夠磨合你與世界以及其他人的價值觀，同時發揮自己百分百的實力，獲得處在自己核心中的安定感。

不過從前的時代，知不知道大量的know how或技術，結果會大為不同。獲取資訊，跟賺大錢以及充實心靈是直接相關連的。

然而，隨著現在網路社會的擴大，「知曉」情報，已經是基本。

更有甚者，在這個時代裡，比起企業投入大筆金額行銷廣告，還不如個人在社群平台貼一張照片更有引發大眾共鳴的力量。充滿個人魅力的人，將能發揮強大的影響力，成為這個新世界的領導者。

此時最強的武器，再也不是什麼know how，或是過往那些成功法則，而是自己有什麼感受，會做出什麼反應的「自我管理能力」。

「我是這樣感覺，這麼做某件事」的「自我認知（know who）」所衍生而來的現實，將會成為這個時代的全新標準。

即使有錢、有車、有豪宅，若身邊沒有所愛之人或朋友，就無法打從內心感覺到幸福。即使因為工作而在社會上得到讚賞，若真實的自我沒有容身之處，內心就無法得到平靜。

因為我們知道了這個道理，現在反而陷入極為嚴重的混亂狀態。

因此，接下來要看「自我認知（know who）」。

「了解自己的人，將能創造時代」。

大象沒辦法變成長頸鹿

實踐「自我認知」，最重要的是自己本身的情感。喜歡還是討厭？開心還是難過？恐怕在現代社會中，人們會拚命用淡然的表情隱藏那些情緒。

因為在「自我認知」的年代，重點不是這個社會或其他人怎麼想，而是你如何感受才是一切的起點。

某些會引發壓力的洶湧情緒，就是了解自己的重要線索。倘若情緒是重要的線索，那麼可以說，知不知道如何處理情緒，人生將大不同。

你的命運不是由發生的事件來決定，你怎樣解讀事件才是重點。

提出「五大需求理論」的馬斯洛博士認為，達到第五階段自我實現的人，有以下十五個特徵：

1／更妥善認識現實，保持良好關係。

2／自然而然地接納自己與他人。

3／自發性、純真、樸實。

4／思考模式以問題為中心。

5／超越個人的私欲。

6／在文化及環境中能保持獨立，具行動力及自主性。

7／保有持續認識新事物的新鮮感。

8／曾有接觸過至高無上事物的經驗。

9／具有共同的社會情感。

10／在人際關係上，心胸寬大且敦厚。

11／重視民主。

12／能夠區別手段及目的、善良與邪惡。

13／具有哲學性、不帶惡意的幽默感。

14／具有創造性。

15／文化超越。

如何？在這裡頭有你「確實擁有」的特徵嗎？還有，這扇大門究竟要開放到什麼程度呢？

如果說情緒是確認有沒有大門的重要線索，那麼4 n e s s應對法則就是打開這扇門的鑰匙。在門後等著的，就是已然成熟的自己，既能夠輕鬆發揮自身能力，還有能「恣意」活用自己人生的能力。

就如同大象絕不可能變成長頸鹿，你也絕不可能變成你以外的任何人。但不知道為什麼，人卻總是會不斷在人生的道路上，做一些要把大象變成長頸鹿的事。

日本偉大藝術家岡本太郎過去曾為了到巴黎學畫而遠赴法國。然而，日本人對他到海外學畫這件事情感到失望，因此他曾一度放棄繪畫。

岡本先生在巴黎學到了人與人之間積極交流的態度，樂於享受街頭文化及風俗，還有哲學及民俗知識等等，然而卻始終無法消除他對未來的不安。勇敢面對不安情緒的他，有一天覺察了一件事。

「把想要在繪畫上獲得好評，或是希望自己能得到高度評價的這些想法都丟掉吧。就照自己恣意的想法活在當下吧。讓自己爆發，讓藝術爆發吧！」

他覺察後所畫的畫，得到了高度的好評，岡本太郎的名聲瞬間撼動全世界。

日本人都知道岡本先生，而實際上，我們也與他陷入煩惱時的狀態一樣。

學習、學習、學習，拚命努力練習成為不像自己的自己，卻得不到期望的結果。不僅徒增不安，另一方面，也會讓身心狀態以及眼前的現實狀況每況愈下，讓人痛苦不已。

請停止訓練自己變成其他人，你就可以「**恣意**」**生活**。

只有自己能傷害自己

很多人常會說：「那個人的那句話傷到我了」。但其實在這個世界上，只有自己能傷害自己。

你的心是你自己的，就好像你絕對沒有辦法將想法灌輸給任何人，所以其他人也不可能把想法強加予你。那個人的情緒，是那個人自己的責任。而你的情緒，是你的責任。

無論發生任何事，只要你不選擇讓自己「受傷」，就沒有人可以傷害你。

就是現在，讓自己接受並認可覺察吧。如此一來，你就能從現實生活中獲得收穫。

這是一定的，真的很不可思議。

我的學員們發生了什麼樣的變化呢？在此舉幾個例子來看看。

・年收加倍。

- 不再產生問題。
- 資產在一個月內增加了兩億日圓。
- 以前很想死，漸漸變得有活下去的欲望。
- 更能事半功倍。
- 銷售業績攀升至全國頂尖。
- 克服離婚危機，夫妻感情變好。
- 支持者變多了，人際關係的煩惱消失。
- 患有綜合失調症狀的丈夫開始改變。
- 減肥成功，變漂亮。
- 孩子順利成長，而且變得更加誠實。

這只是少數幾個例子而已。有很多人是克服了難關，回頭去看幾個月前茫然不知所措的自己，才驚覺「到底發生了什麼問題？」不少人參加講座後的幾個禮拜之間，容貌及氣質就為之一變。

對超越自我，以超越自我、本來的自己而立足於世的人而言，在各方面都經常會感

到充實。

不被事件牽著鼻子走，以深厚的自我信賴為基礎，發揮自己百分百的創造力，每天都能夠得到安心的幸福感。我也是為了追求這種感覺而持續旅行的其中一人。

可以跟知道這種感覺的人們一起生活在這個世界上，並且一起迎向充滿可能性的未來，對我來說是最開心的事情了。

4ness column ⑤

做得到和做不到的事情之間，界線要畫分清楚

在此要介紹一對夫妻的故事，他們因為「放下」而變成熟。

「治療不孕症都沒有什麼成果，我們很煩惱該不該繼續。」

有一位女性來到我的講座，向我吐露了自己的心聲。夫妻兩人彼此的父母都覺得「不用勉強，順其自然就好」，但身為妻子的她卻無法接受。

我們先不談煩惱的本質及決定。如果自己覺得能夠接受那倒也無妨，但是她說不孕症的治療對經濟造成莫大負擔，且帶來許多身心方面的痛苦。持續背負這個風險，將會對人生整體的品質造成影響。

總之，我想她現在想問的應該是夫妻之間的生活方式。女性想要替自己愛的人生一個孩子，這是極其自然的事情，但是如果異常地用「不管如何都要做到」的想法來逼迫自己，就有探究認知的價值。

比方說女性透過養兒育女的方式來鞏固自己的存在意義，像這樣的女性並不少。若為了證明自己的女性身分，同時加深與丈夫之間的關係而生產，也可以做出是在利用孩子這種惡意的解釋。

跟她聊過之後，我發現她從小就被母親灌輸「唯有生養孩子才是了不起的女人」這種觀念。事實上，因為接受治療，她的身體已經發出哀鳴，但她還是希望能夠滿足母親的期待，所以持續勉強自己。

她覺察到認知後，決定把下一次的治療當作是最後一次。「不論成功或失敗都是神的旨意。不管最後結果是什麼，都有其意義。」聽來她似乎已經能夠接受這一切。

結果，最後一次的不孕治療，並沒有為他們帶來孩子。然而從那之後，他們夫妻開始去嘗試「兩個人可以一起完成的事情」，像是每年都出國爬山之類的。許久之後我再度碰到她，聽到她說：「人生路上還是有些事儘管非常期待但終究做不到啊。」展現出平穩從容的「放下」。

所謂的放下，並不只是單純地丟出問題而已。他們必須放下「受害者」的身分，不與他人而是跟自己做比較，如此一來才能選擇「放下」。

所謂成熟大人們的努力，指的是能清楚畫出做得到及做不到的事情之間的界線。

有些事情雖說要爽快地選擇放下，但還是會覺得可惜，這是事實，但是「只要去做就一定能完成」這種全能的感覺，卻也是痛苦的來源，這更是無庸置疑的。至於界線究竟要畫在哪裡，那是每個人的責任。大人雖自由，但還是多少有辛苦的一面。

附錄

探索「壓抑的情緒」案例研究集

18 「員工表現都達到平均值，但業績就是沒有提升」

▼想受人信賴，就要先信賴人

業績無法提升的原因，真的都是員工的問題嗎？

在業務上，檢視數字很重要。有用數字看出業績不振的原因了嗎？如果滿足平均值的員工是原因，那麼平均值是多少？真正滿足平均值的員工又占了百分之幾呢？

如果無法提出具體的數字，那麼如此感覺的你心中就有著「種子」，有必要探索一下覺得「必須滿足平均值」的認知。

仔細想想，要讓多數員工都達到平均值是有困難的。說不定你只是不想要改變現狀而已。只要把馬馬虎虎的業績表現推作是員工的責任，就能保住主管的面子。

我過去也遇過一個為了員工成長太慢而煩惱不已的男性顧客。他說自己為了讓員工快點進步，用了嚴格的方式積極管理，然而業績表現卻每況愈下。由於他的指導太過嚴格，導致員工漸漸失去信心。

經過諮詢後，我了解到他是藉由員工的無能來讓自己的能力獲得肯定。他覺察到並接受了自己「想要獲得員工認可」的真正想法，即認知（B）。

從那之後，他開始發自內心地認同員工的能力，並給予信任。即使是原本成績就不好的員工，也努力找出對方的優點並加以稱讚，然後告訴員工「如果能達成這個任務，你會變得更厲害」，透過這樣的方式來解決眼前的問題。

他說，整個過程就好像在「教育小孩」。確實是如此。結果，他現在已經能夠信任大多數的員工，大家的士氣也明顯提升了。

覺得員工「沒有上進心」「為什麼不能把目標訂高一點呢」時，最重要的是觀察自己為什麼會有這樣的感覺。就像範例中所提到的，先給出自己所追求的目標，就能輕鬆得到好結果。

與他人有關的問題，原因往往不會百分百歸咎在某一方，經常是自己與對方各有百分之五十的責任。你努力改善自己能掌控的百分之五十，在鏡子另一面的對方，也一定會有所改變。

19「不知如何處理像小孩一樣哭泣的女性員工」

▼男性主管對「將眼淚當武器的女性員工」沒轍

這也是我經常被問到的一個問題。在八〇年代以前的男性社會中，或許這不太會成為問題，但在女性理所當然投入社會工作的現代，有不少主管都對如何對待哭哭啼啼的女性員工感到困擾、慌張不安。

話說回來，女性為什麼會哭泣呢？或許是因為悔恨及悲傷，讓人怎麼都止不住淚。但是常常遇事哭泣的女性，很有可能是因為過往累積了「用哭就能解決問題」的經驗。而主管在處理上越感困擾，她們越會活用這點。

我也曾遇過一個男性客戶來問我相同的問題，我反問他是怎麼處理的？結果客戶回答我：「我接受她的意見。」理由是他不喜歡自己被認為是一個冷淡的主管。恐怕，那位女性員工是拿眼淚來當成表達自己意見的武器了吧。她可能還把這位男性客戶當成是只要一哭就能理解自己的「好對付」主管。

主管的其中一個職責是幫助員工成長。以眼淚為武器的員工，會失去作為社會人士的成長機會，所以對主管來說，必須明確讓員工知道，哭泣不能拿來當作武器。

哭泣時無法冷靜談話，所以妥當的指示是，在當下先請對方離開辦公室，冷靜下來之後再回來。周圍的員工應該也會看到主管這種堅決的態度。

然而，給予指示時若情緒緊張，無法平靜以對，那就是你的認知有問題。請試著運用ABC理論假設狀況。

事件（A）是「員工哭了，所以請對方先離開辦公室」；結果（C）是「無法平靜以對」。其中的認知（B）會是什麼呢？

好像會被認為很冷漠、好像會被討厭、如果反過來被怨恨就麻煩了。大致上會是這類想法吧。

員工哭是單一「事件」，而你的解釋是「認知」。處理哭泣的員工之前，必須先覺察自己身為主管卻沒有自信，接著要每天與員工保持良好溝通，並努力培養彼此間的信賴感。因為員工認為，不用「哭」的，就沒辦法傳達出自己的意見。

20 「後悔因為情緒而大呼小叫，擺出不耐煩的態度」

▼瞬間發怒，代表無法將情緒轉化成文字

在職場中，其實有時候，憤怒大吼、表現出情緒化的一面，是為了提高團隊士氣所必需。但如果有人總是不高興，團隊就無法好好運作。能夠心平氣和地處理工作，才是成熟大人的表現。

此前因情緒化所做出的事，結果都如何呢？團隊進步了嗎？效率變好、業績上揚了嗎？

就像女性把眼淚當成武器，有時男性會將怒氣當作武器，控制他人。這樣下去，只會培育出因為很怕老師，所以假裝有在認真學習的「孩子氣員工」。如果你對自己的情緒化反應感到後悔，就極有可能改善。

容易發怒大吼，表現出不高興態度的人，往往自我表達能力都不足。

想要表達自己的想法，首先要覺察自己的心情在想什麼，但一下子就怒氣迸發、罵聲連連的人，事實上根本沒辦法將自己的想法化為言語，因此表達的方式很貧乏。

我的顧客中有一位老闆會立刻飆罵員工，還經常不分青紅皂白就怒罵對方「你這個●●」！

他的公司在工作品質上很高，卻經常人手不足。因為員工們受不了老闆那種不耐煩的態度。

諮詢後，他覺察到自己是以發怒當作武器，用恐懼來控制員工，並承認「其實自己只知道這個方法而已，所以無計可施」。

接下來要談的，就是他改變了對於憤怒的認知，以及為了變得更加成熟而從「形式」著手的的過程。

員工引起問題時、感到焦躁不安時，我請他把焦點集中在隱藏在憤怒背後的哀傷。其實他真正的想法，是對於自己培養出犯錯的員工而感到懊悔。

首先要將這種懊悔的感覺傳達給員工，平靜傾聽對方說明為什麼會發生錯誤。同時要將自己所要求的做事品質，或是希望對方遵守的期限等訊息明確傳達出去，這就是老闆所採用的「形式」。

他說自己這麼做之後，員工都紛紛改變了。

不過最教人感到驚訝的，還是這位老闆自身。原本他只知道用恐懼來掌控一切，覺察到「原來還有這麼輕鬆好用的方法啊」之後，就開始進行訓練，讓自己可以更小心處理情緒。

結果，某位員工好像脫胎換骨似的，不到一年時間就大幅進步，成了老闆重要的左右手。

越是容易情緒化的人，可能越無法理解自己的情緒。不過這也有可能只是自己不懂得幫情緒命名，不知道處理的方法而已。

只要能進行仔細關注自己情緒的訓練，自然而然會湧現出有效傳達心情的方法。如此一來，不僅在工作上，就連人際關係以及人生各方面，都會變得更加輕鬆。

21 「離職率很高，新進員工很快離職」

▼業績屬於「個人責任」，造成員工容易失去自信

一間公司的離職率太高，整體氛圍以及評價都會受到極大的影響。徵才費用和人才育成的費用也會非常驚人，效率肯定也不好。在現代社會，終身雇用已成為神話，員工想持續待在同一間公司的想法，已經變得越來越淡薄，這樣的時代背景因素也同樣造成了影響。

關於這個煩惱，第二章也稍微提過，現在再一次詳細說明。首先要舉的例子是一家把業績當作是「個人責任」的公司，高離職率成為該公司的企業文化。

「個人責任」的意思，指的是工作方面的業績表現，與個人的價值有強烈的連結性。待在業績是個人責任的公司裡，員工都知道，光是一個業務上的錯誤，就有可能會成為撼動個人存在價值的重大錯誤，因而大多會把現實狀況跟「我不適合在這間公司上班」的想法聯在一起，並進而很快考慮要離職或轉換跑道。

業績「個人責任化」是一個有點麻煩的問題。對於相當老練的老鳥，或是公司的經營者、老闆等人來說，業績的表現的確與個人自身的價值有關。但他們都擁有解決錯誤的方法及能力，所以個人責任化並不會對他們造成問題。

然而，對新進員工或是剛轉調過來的同事就不一樣了。許多事情都是初體驗，常伴隨著巨大的壓力，況且在對業務還不熟悉的狀況下，達不到目標也是無可奈何。只是，

「嘗試」一定會有價值，總有一天這些經驗都會為你帶來業績。

將業績歸為「個人責任」的公司，往往無法適當賦予員工價值。因此達不到目標的員工才會早早想要離職。經驗無法成為力量，這是非常可惜的事。

如果正在閱讀此書的你，正好要負責訓練新進員工，那麼請先將焦點放在他們的行為，而非結果上。

身為一名主管，越是對「怎麼連這種事情都不會」「為什麼會為了這種事煩惱」之類的事情感到困擾，就越應該要在指導員工時，好好說清楚規則，讓彼此能建立共同的認知。人的成長需要時間，主管任性地急著要員工「趕快記下所有事情」，其實也是凡事萬能的感覺在作祟。就像樓梯要一階一階往上爬，「會做的事情」也是一個一個逐步增加。

下一次，當員工採取行動，請用話語稍微慰勞一下吧。雖然沒有達到目標可能無法大肆稱讚，但還是可以針對辛苦的過程給予安慰。只要這麼做，很快就可以看到效果。

22 「交往對象總是劈腿」

▼渴望愛情的女性，用扭曲的愛當作確認方式

我想這位女性是喜歡會劈腿的人所富有的性感魅力吧。還是說，與一個劈腿成性的對象交往，是想要藉著對方跟自己交往後沒有再劈其他人，來得到「愛的證明」呢？會不會也有可能是，想要確認看看自己「是不是又挑中了一個喜歡劈腿的戀人」？

總是選擇跟劈腿成性的人交往，是因為自己無意識地想要確認壓抑在內心深處的某種情緒。

比方說我有一位女性顧客，因為丈夫會對她家暴而困擾不已。詳細詢問之下才知道，原來她的父親常因一點小事就勃然大怒，對家人暴力相向。

解決問題的鑰匙，就在她遭受暴力對待時所感受到的情緒。事實上，丈夫並非毫無來由地毆打她。她發現自己會故意用言行來激怒丈夫，挑起戰端，她預料到「自己一定

會被打吧」，並等待事情發生。

被丈夫毆打的同時，她也看到自己心裡某部分鬆了一口氣。是的，她所擁有的「被毆打＝被愛」的認知，化成了遭受家暴，投射在現實生活中。

她覺察到扭曲的認知，從而能夠意識到自己「渴求丈夫暴力相向」的言行，結果就能順利終止這樣的舉動。他們夫妻的感情很快就變得和樂融融，快到連她自己都詫異不已。「原來如此」的意識化力量，就是有這麼大。

選擇和會劈腿的人談戀愛也是同樣的道理。雖然對方會劈腿，卻是愛著我的，即使劈腿了，也還是會回來找我。即使想法已經如此扭曲，但這就是你用來確認自己感情的方式，也是你的認知。

那麼，請去除這種扭曲的想法吧。「我想要被愛」只要如此單純地期望就好。在這個案例中，比起發誓不再跟會劈腿的人交往，倒不如用對方一劈腿就立刻毅然分手的「形式」還比較有效。

發生事件後，一定還有機會能找到更加深入的根源認知吧。那或許是寂寞，或許是孤獨。發現認知的時候，只需要跟自己說一句「原來如此啊」，單純接受就好。你只是很害怕面對「寂寞的自己」而已。如果你能夠了解「原來如此」的道理，那麼下一次讓你動心的類型，或是經營戀情的方法，也一定都會改變。

23 「不想跟另一半做愛」

▼缺少性愛的原因在性愛以外

對於性愛的認知，男女雙方有些差異。以女性來說，性徵在十二歲左右就會成熟，從那時候起會先行進入對性的精神層面及心理層面的培育。

另一方面，男性則是要到十二歲，性徵才開始成長，因此有很強烈的傾向會將性當作是生理要素來理解。

在此我們用抱持著同樣問題的人為例，分別以男性與女性的角度來探討。

〔不想跟妻子做愛的丈夫〕

在性愛中追求肉體的歡愉，是男性的自然生理現象。不過正因為如此，若是男性不對性感到興奮，就沒辦法付諸行動。

我有一個客戶就有和這一樣的煩惱，當時他正好被公司裁員。回到家告訴妻子這個消息時，妻子卻冷冷地回問他：「接下來你打算怎麼辦呢？」這讓在工作上受挫的他，更感受傷，所以默不作聲。從那之後，他對妻子就失去了性愛方面的興奮感。

默不作聲地壓抑情緒，其實就是自己為了避免再次受到傷害的心理防衛機制。結果後來他不僅出軌，夫妻間也不再有任何對話。不過，因為他們有生小孩，所以還是希望做些什麼來修補夫妻關係。

若是像他這樣真的有心想要改善，其實是有方法的。我鼓勵他勇於挑戰，放下加害者和受害者的身分，單純地將自己內心受傷的事實告知妻子。那一天，他們彼此都說了許多不滿的話，在那之後還努力嘗試過好幾次，最後終於能夠互相開誠布公，讓對方知道自己的真實想法，誤會也就此冰釋。

我想這是因為他們夫妻倆能夠結合在一起，承認自己不成熟的部分吧。

〈不想跟丈夫做愛的妻子〉

對女性來說，如果對方不是在精神上能讓自己感受到絕對安心的人，就沒辦法感受到性愛的衝動。女性不想跟丈夫做愛，有可能是因為對丈夫感到失望；因為丈夫沒有好好對待她，所以心生不滿；或者是曾經主動求歡卻遭拒，想報復。

在我的講座上曾有位女性說：「我害怕他的邀約」。她本人似乎找不太到問題所在，但在討論其他問題時，卻偶然冒出了這句話。

詳細追問之下，才知道她的丈夫不僅不會幫忙帶孩子、做家事，而且還因為有在賺錢就氣焰囂張，一點都不重視家人。丈夫沒有慰勞她辛苦做家事，每次做愛也都擺出高傲的態勢，讓她一點都不想做。

就女性的身體構造來講，即使沒有任何性衝動，還是可以完成性交。因此，女性的性愛可以說是建立在愛的延長線上，屬於精神領域的範疇。

她之所以不想跟丈夫做愛，背後的原因其實是在訴說著自己受到冷落。後來她用不帶責難的方式，原原本本告訴丈夫自己的想法，結果她的丈夫變得開始會積極幫忙家務及照顧孩子，兩人的感情也慢慢地一點一點開始恢復。

我們總是會和自我認知具有共鳴的人締結關係。認知是需要相互緩和的。

大多數的問題總是從吵架或糾紛開始。即使避開，日後還是會跟同類人交往，這種例子很多。

做愛次數變少的問題，其實大部分都是像這樣，當事者煩惱的原因並非性愛本身，大多是在其他地方。只要改變看事情的角度，或許就會是促成夫妻更加成熟的絕佳機會。

所以不要害怕，請好好面對讓你覺得「不想做愛」的認知，能夠獲得改善的可能性是非常高的。

4ness column ❻

身體狀況的變化，是覺察自我認知的重要信號

尋求自我認知、除去情緒天線上的鏽蝕時，不曉得為什麼有很多人的身體狀況會變差。

我的講座學員們也是如此，每一次都會有學員說自己有口內炎、長針眼、皮膚炎、腸胃不適、頭痛、感覺過敏等症狀。

雖然說症狀因人而異，但其中似乎以長疹子或發腫的狀況為最多。情緒與身體有直接的連結。一口氣被全部挖出來的壓抑情緒，就是會像這樣表現在身體上。

人就是這麼討厭「自我認知」被碰觸到。我的講座總共有五堂課，有些人上到第二堂，身體就不行了，變得「不想再去上課」。當然這也是因人而異。

進行4ness之旅的過程中，若感覺到自己身體發生變化，就是將要發生重大覺察的信號。此時絕對不需要繼續勉強自己再去探看內心。首先請慰勞一下完成一次覺察的自己。

若緩和了自我認知，情緒的耐受性就會增加，身體也應該會慢慢開始恢復。如此一來，現實生活也會跟著一點一點漸漸改變，而下一次的覺察相信也很快就會到來。

後記

謝謝你看到本書最後。這一趟返回核心的旅程，你覺得如何呢？

在我的講座中，學員經常會問我：

「人会老師緩和了所有的認知嗎？」

……怎麼可能！我也還在旅途之中呢。雖然有點不好意思，但我也還是一個會被壓抑情緒牽著鼻子走的人。

待在家裡足不出戶、大學輟學、工作做不長，這些被不安及恐懼澈底打倒的時間，對我來說絕對不短。

無論如何，我都想走出來。因為想逃走，我才開始鑽研人心，並花了三十年的時間來實踐這個薄弱的思想，而這正是4ness的基礎。

事件常是淡然的發生，而替這些事件上色的，就是自我認知。我作為一個宣傳這種想法的宣導者，想稍微提一點自己的事情。

其實，我的母親是自殺身亡的。母親罹患了末期癌症，再也無法照顧中風的父親，而且她覺得自己不應該連累其他人，所以結束了自己的生命。

當時我已經年過四十，但母親對我來說是非常特別的人，所以她的自殺還是讓我大受打擊。我剛出社會時，因為工作不順利而感到失落，當時母親眼神堅定地對我說：「妳已經很努力了不是嗎？」這句話至今仍支持著我。

重要的母親去世之後，隨著時間流逝，我的內心也湧現了難以言喻的情緒。自青春期以來，我就一直被困在生命的意義以及存在的意義這類問題裡。然而，儘管母親去世帶來了深刻的悲傷，那也只是生命中的一個插曲而已。該如何理解這個插曲，取決於我。

因失去母親的悲痛，而讓自己的人生開倒車，這絕不是母親願意看到的。因此我想，將深愛的母親去世這件事，單純當作人生的小插曲，這才是對母親最大的敬意。

有一位學會4ness的學員曾說：「我不想用ABC理論解釋自己的人生。」這句話至今仍讓我印象深刻。我覺得這是非常坦率、非常棒的意見。我後來也在講座上試著用ABC理論來分析那位學員當下的情緒。

A：用ABC理論分析。

C：不想用ABC理論解釋人生。

那麼，你認為認知會是什麼呢？說這句話的人是一位歷經人生各種磨難的五十六歲女性。她「一路走來一直活得很辛苦」，所以沒有辦法接受這一切都是認知（B）所造成。覺察到這個想法時，她壓抑在心中的痛苦情緒就開始融化，所經歷過的那些痛苦過去，她也驀然接受了。

我們常說只能改變現在和未來，但其實錯了，能夠接受壓抑的情緒，過去也一併可以改變。

學會ABC理論之後，會有令人感到痛苦的部分。那是因為事件或過往的記憶讓你無法接受痛苦。但取而代之的是，你將能夠掌握自己的人生，將獲得讓自己人生向前邁進的方法。

在4ness成形的過程中，得到了許多人的幫助。除了在我緩和了自我認知時所遇到的多位專家，還有在書中相遇的前輩，以及實際上接觸過的所有人，都被我寫入了這套4ness法則之中。在此我也要特別感謝臨床心理學家堀之內高久老師，他是我在研究所的指導教授；還要感謝占星術專家來夢老師。各位前輩的教導，都深刻地反映在這本書裡頭。

另外也要感謝以編輯身分參與製作本書的實業之日本社安田宣朗先生及小堀真子小姐，由衷感謝兩位的強力支援。

還有，跟我的認知有共鳴、與我相遇，並一起走在這趟旅程上的所有客戶們，你們每天都給我勇氣，讓我可以持續前進。每一次勇敢的自白，都給了在場所有人無比勇氣，包含我在內。能夠用這樣的方式成為彼此人生的一部分，讓我滿懷感激。

最後，正在翻閱這本書的你，也透過書本與我共享了一部分的人生。為此我感到非常開心。

我發自內心地希望，你的人生會以更有自我風格的方式大放光芒。

城乃石人会

Note

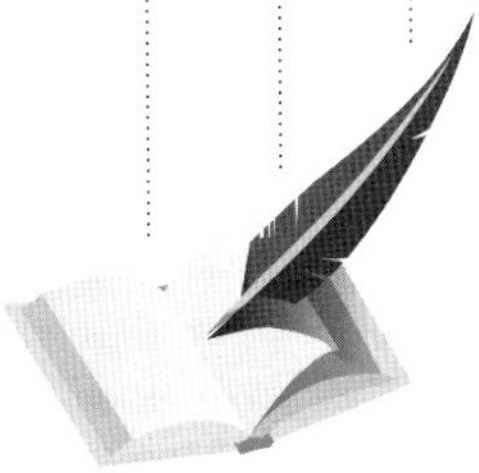

國家圖書館出版品預行編目資料

情緒黑洞：擺脫壓抑，修復心靈的創傷／城乃石人会作；李喬智譯.
-- 初版. -- 新北市：智富，2018.07
面；　公分. --（風向 ；101）

ISBN 978-986-93697-8-7（平裝）

1. 心理諮商　2.情緒管理　3.壓抑

178.　　107005164

風向 101

情緒黑洞：擺脫壓抑，修復心靈的創傷

作　　者／城乃石人会
譯　　者／李喬智
主　　編／陳文君
責任編輯／楊鈺儀
封面設計／林芷伊
出 版 者／智富出版有限公司
電　　話／（02）2218-3277
傳　　真／（02）2218-3239（訂書專線）（02）2218-7539
劃撥帳號／19816716
戶　　名／智富出版有限公司
世茂網站／www.coolbooks.com.tw
排版製版／辰皓國際出版製作有限公司
印　　刷／世和彩色印刷股份有限公司
初版一刷／2018 年 7 月

ＩＳＢＮ／978-986-93697-8-7
定　　價／300 元

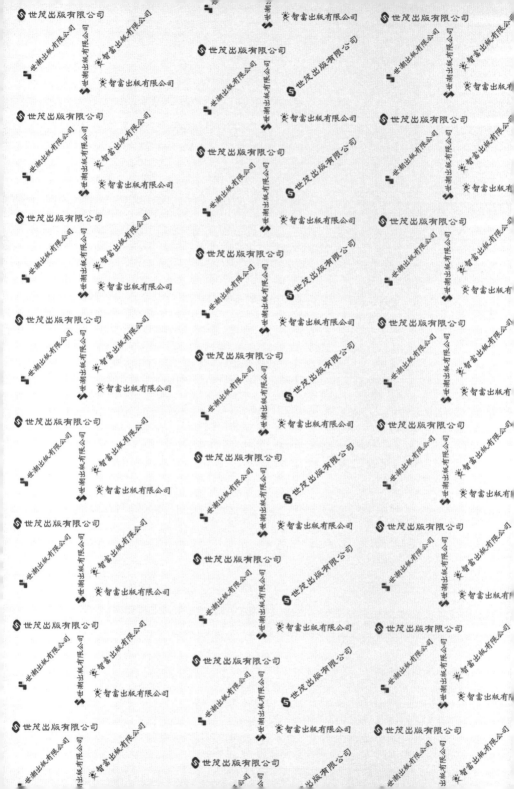

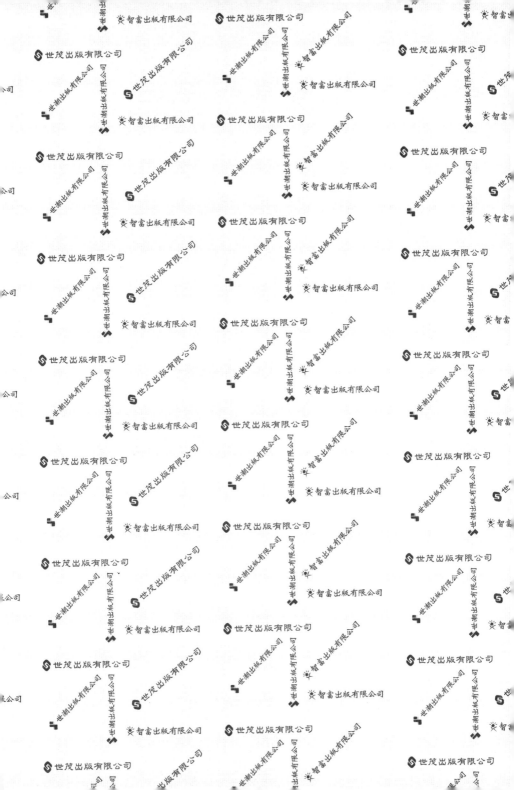